DU DUÁ

30 PROYECTOS PARA LA VIDA MODERNA

Modelos de las fotografías:
Loly Ghirardi (www.srtalylo.tumblr.com)
Daniel Levy (www.oto-atelier.com)

Primera edición: septiembre de 2014

Av. Diagonal, 662-664, 08034 Barcelona (España)
Libros Cúpula es marca registrada por Editorial Planeta, S. A.
www.planetadelibros.com

ISBN: 978-84-480-1999-0
Diseño y maquetación: Alejandra Gamboa
Impreso en España – Printed in Spain

El papel utilizado para la impresión de este libro es cien por cien libre de cloro y está calificado como papel ecológico.

30 PROYECTOS PARA LA VIDA MODERNA

Alícia Roselló Gené
Nuria Picos Rodríguez

LIBROS CÚPULA

Contenidos

Be
Nice
or
leave

Introducción

Con este libro os traemos un trocito de Duduá a vuestras casas. En él os presentamos una selección de nuestros proyectos favoritos de entre todos los que hemos realizado a lo largo de este tiempo. Todos ellos tienen relación con alguna de las actividades que hemos llevado a cabo. Miles de personas han pasado por nuestros talleres de Barcelona durante estos ocho años, y ahora queremos que tú también puedas realizarlos desde casa, allí donde estés. De forma clara y concisa, te explicamos paso a paso cómo materializar estos 30 proyectos con todo tipo de técnicas y materiales.

Desde Duduá siempre hemos fomentado la filosofía DIY (Do It Yourself; hazlo tú mismo/a) y queremos que ese espíritu creativo y de autosuficiencia llegue a todos los ámbitos de tu vida.

DU
DUA
DUDUA

¿Qué es DUDUÁ?

Hace ya unos años, hacer ganchillo (y cualquier otra labor) se consideraba una actividad exclusiva para nuestras abuelas y no estaba muy bien visto en la era del Photoshop e internet. Fue en ese momento del boom digital cuando nació Duduá, con la intención de recuperar las técnicas artesanales que formaban parte de nuestra historia y cultura y que habían sido relegadas a pasatiempo de sofá para mayores de sesenta años.

En 2006 abrimos Duduá en un pequeño local del barrio del Born de Barcelona. En la parte de abajo estaba la tienda y en la parte de arriba se situaba la galería en la que organizábamos exposiciones de jóvenes artistas todos los meses. Más adelante, en ese mismo espacio, empezarían los talleres.

En la tienda había una selección de productos hechos a mano por artistas, muchos de ellos de Barcelona y otros tantos de todo el mundo, desde un sushi de ganchillo hasta un fanzine.

Duduá estuvo en ese establecimiento durante tres años y supuso una pequeña revolución en la escena local. El espíritu era hacer lo que nos gustaba y allí se organizaron conciertos, concursos de pasteles de fantasía, cursos de ganchillo *freestyle* y hasta un celebrado homenaje a Cobi (sí, ¡la mascota de los Juegos Olímpicos de Barcelona '92!). Mucha gente guarda muy buenos recuerdos de todo lo que pasó entre aquellas cuatro paredes, y muchos de los que actualmente se dedican al mundo del craft en la ciudad dieron sus primeros pasos en los talleres de Duduá.

A finales de 2009 nos despedimos del local del Born con una fiesta del fin del mundo. Dejamos a un lado la tienda y pasamos a dedicarnos principalmente a organizar todo tipo de cursos creativos. Actualmente nos puedes encontrar en nuestro local del barrio de Gràcia de Barcelona. Allí impartimos multitud de talleres alrededor de nuestra gran mesa de madera, en un ambiente acogedor y familiar.

Ocho años después estamos muy contentas con el resultado, porque la mentalidad respecto a las labores ha cambiado y se está convirtiendo en una actividad cada vez más habitual entre la gente joven. Es una forma de que estas tradiciones y técnicas no mueran en el olvido con nuestra generación. Además, hemos contribuido a fomentar el ideario basado en la creatividad y autosuficiencia del que somos partidarias.

KAFRE
EXPO

En 2006 abrimos Duduá en un pequeño local del barrio del Born de Barcelona.

Hogar dulce hogar

Agarrador de cocina

El punto de cruz habitualmente se borda sobre tela, pero una base hecha de ganchillo también es susceptible de ser bordada. Te proponemos estos agarradores que combinan las dos técnicas, ¡son tan bonitos que hasta te dará pena usarlos!

Nivel: Principiante

Materiales

Ganchillo del n.° 3

Tijeras

Aguja lanera

Ovillos Natura DMC (N20 Jade,

N36 Gardenia, N86 Brique)

Puntos utilizados

Punto de cadeneta

Punto enano

Punto bajo

Punto de cruz

Paso a paso

Teje 41 puntos de cadeneta.

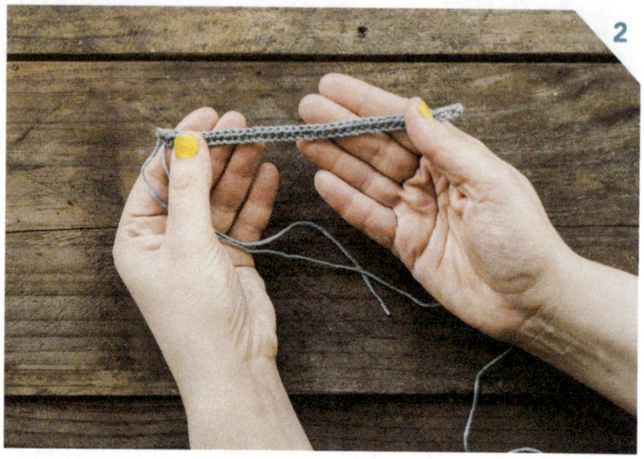

Empezando por la penúltima cadeneta (la número 40), teje 1 punto bajo en cada cadeneta; en total tendrás 40 puntos bajos. Haz una cadeneta al aire.

Trabaja de esta manera tejiendo 46 pasadas de 40 puntos bajos cada una. Haz dos piezas iguales.

Usando la aguja lanera, remata los extremos de los hilos por dentro del tejido.

truco

A la hora de hacer el borde que une las dos piezas, teje un punto bajo en cada punto y en las esquinas 3 puntos bajos en el mismo punto.

5

Borda en cada pieza con punto de cruz siguiendo el gráfico.

6

Une las dos piezas cuadradas bordeándolas con punto bajo.

7

Haz una segunda vuelta de puntos bajos en el borde y al llegar al final haz 25 cadenetas y cierra con punto bajo; de esta manera harás el colgador del agarrador.

8

Teje un punto enano en cada una de las 25 cadenetas y cierra y remata los hilos.

Patrón

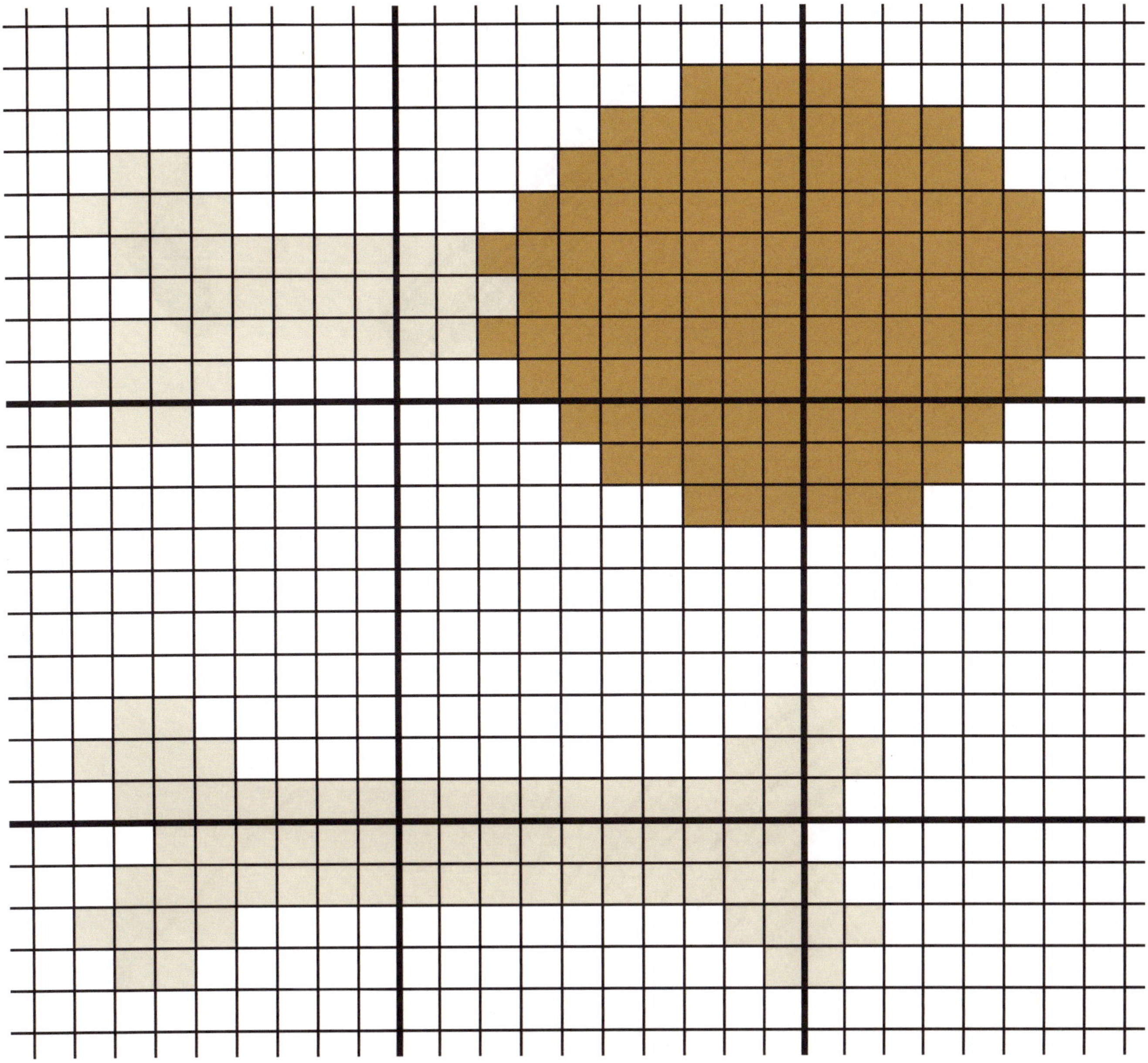

uni POSCA

Cesta de mimbre

La cestería es uno de los oficios artesanos más antiguos. Tradicionalmente se trabaja con fibras vegetales como el mimbre o la médula de junco, pero también se puede trabajar con papel o plástico. Este cesto está hecho con médula, que es un material fácil de encontrar y muy manejable. Hemos hecho una versión colorida de un cesto típico para que aprendas las bases de esta técnica.

Nivel: Principiante

Materiales

- Médula de 2,5 mm
- Punzón o aguja larga de tricot
- Tijeras de podar
- Trapillo o cuerda
- Rotulador grueso
- Agua
- Recipiente tipo barreño

Glosario de términos

Tejedores: son los tallos que pasan a través de los montantes por encima y por debajo.

Montantes: son los tallos que se mantienen en vertical y forman los soportes laterales del cesto.

truco

A medida que vas trabajando la médula se va secando, así que ten a mano un espray con agua para mantenerla húmeda y evitar que se rompa al trabajarla.

Paso a paso

1

Pon la médula a remojo en un recipiente con agua hasta que esté blanda y puedas manejarla sin que se parta (aproximadamente 15 minutos). Haz una cruz con 6 tallos de médula de 1,5 m, 3 por arriba en vertical y 3 en horizontal por debajo para crear la base en forma de cruz.

2

Coge dos tallos de médula nuevos y enróllalos dos veces alrededor de la cruz, del centro hacia fuera, pasando por delante y por detrás de las aspas.

3

Empieza a abrir las aspas de la cruz en forma de estrella, de manera que los tallos de la base estén equidistantes. Pasa los tejedores uno por delante y otro por detrás, de manera que se vayan trenzando alrededor de los tallos de la base.

4

Sigue trenzando los tejedores por delante y por detrás hasta conseguir el diámetro de la base deseada.

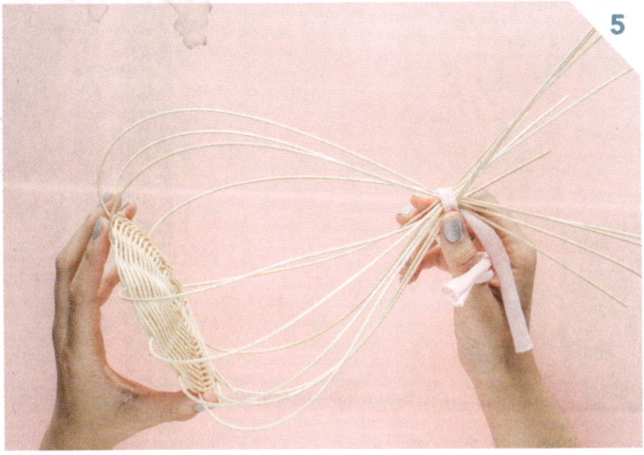

Gira la base y anuda los montantes hacia arriba con un trozo de trapillo o cuerda.

Con los tejedores teje hacia arriba pasando uno por delante y otro por detrás de forma alterna hasta llegar a la altura que quieras.

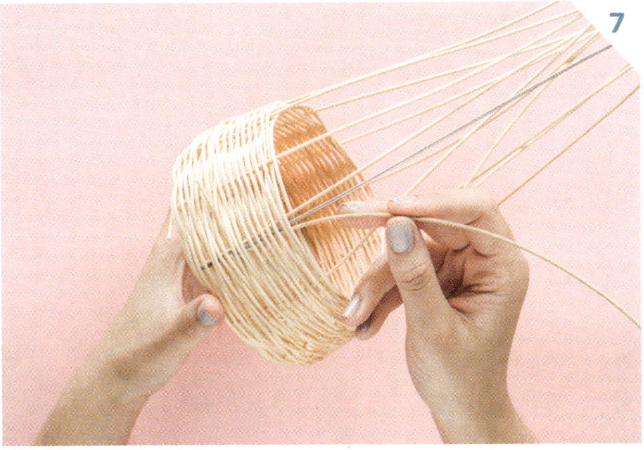

Clava una aguja de metal o un punzón al lado de los montantes desde la base y añade un tallo de médula en cada uno de ellos. De esta manera refuerzas la estructura de los montantes para hacer el borde decorativo posteriormente.

Con un rotulador grueso pinta los montantes que sobresalen del cesto. Puedes dejarlo sin pintar si lo prefieres.

Para hacer el borde decorativo coge dos montantes y entrelázalos por los cuatro montantes siguientes en este orden: delante, detrás delante, detrás de forma que el último quede por la parte interior del cesto. No los aprietes de manera que quede espacio entre ellos. Esconde el montante por la parte interior del cesto y corta el sobrante.

idea

La médula está disponible en grosores desde 1,5 mm hasta 6 mm. Si el calibre de la médula es más grueso, hay que remojarla más tiempo.

Esquema

Cojín

Elisa Riera, una de nuestras ilustradoras favoritas, ha creado especialmente para este libro una ilustración para bordar en un cojín y merendar cómodamente.

Nivel: Intermedio

Materiales

Fieltros de diferentes colores
Hilos Mouliné de diferentes colores
Tela de algodón lisa 42 x 27 cm
Tela de algodón estampada 27 x 53 cm
Papel vegetal
Lápiz
Rotulador
Friselina adhesiva de dos caras
Tijeras
Cinta métrica
Bastidor de bordado
Rotulador de bordado
Agujas de bordar
Alfileres
Relleno de cojín de 40 x 25 cm
Plancha
Máquina de coser

Puntos utilizados

Punto adelante
Punto atrás
Punto de festón
Punto de cadeneta
Punto de margarita

idea

Si no encuentras un relleno de este tamaño siempre puedes hacerte tu propio relleno con las medidas que más te gusten.

Paso a paso

1

Calca el dibujo en el papel vegetal.

2

Marca el dibujo en la tela de algodón lisa con el rotulador de bordado.

3

Calca el dibujo en la friselina siguiendo el dibujo de la parte trasera del papel vegetal (quedará el dibujo en espejo).

4

Retira uno de los papeles de la friselina y plancha una de las caras al fieltro. Recorta siguiendo el dibujo.

5

Retira el otro papel de la friselina y plancha el fieltro a la tela de algodón. Se pega por capas, de abajo hacia arriba.

6

Borda las piezas de fieltro usando dos hebras de hilo Mouliné con punto de festón o punto adelante.

7

Borda el resto del cojín y borra con agua los restos de rotulador.

8

Corta una pieza de 27 x 19 cm y otra pieza de 27 x 34 cm de la tela de algodón estampada. Haz un zigzag en el borde con la máquina de coser.

9

Haz un dobladillo de 1,5 cm en las dos piezas de tela estampada y cose.

10

Superpón 5 cm la telas traseras por la parte del dobladillo y enfrenta el derecho de éstas con el derecho de la tela bordada. Cose el contorno y gira el cojín por el agujero entre las dos piezas traseras.

Patrón

Ampliar al 152,3%

PRIMERO

Anécdota

A finales del 2008 organizamos la 1ª edición del concurso de Pasteles de Fantasía, un concurso de pastelería amateur donde la originalidad del pastel primaba sobre el sabor. Antes de que el «boom de los cupcakes» aterrizara en nuestro país, encontrar un colorante alimentario o un molde con forma extraña era casi imposible, así que la gente tenía que inventar sistemas y fórmulas para crear pasteles en forma de cubo de Rubik, el Empire State Building o una zapatilla de deporte. Durante cuatro años celebramos una edición anual del concurso y cada vez había más pasteles y proyectos más increíbles y rocambolescos. El ganador se elegía por votación popular y luego había una merienda donde no quedaba ni una miguita de bizcocho sin comer.

DUDUÀ PRESENTA:
VINE A MENJAR PASTÍS!
PREMI ALS PASTISSOS MÉS ORIGINALS
TALLERS INFANTILS GRATUÏTS
2N CONCURS DE PASTISSOS DE FANTASIA
PORTA EL TEU PASTÍS DE FANTASÍA EL
DISSABTE, 25 D'OCTUBRE
AL PATI DEL CONVENT DE SANT AGUSTÍ
(CARRER COMERÇ 36)
· 16h. a 17h. recepció dels pastissos ·
· 17h. a 19h. entrega de premis i degustació ·
més informació i inscripcions:
www.pastelesdefantasia.com, a Duduà (c/ Rossic, 6) o al Convent de Sant Agustí
organitza:
www.duduadudua.com
col·labora:
centre cívic convent de Sant Agustí
www.conventagusti.com
TODOJUNTO EXPO MUSIC TXT
www.todojunto.net

DUDUÀ PRESENTA
PREMI ALS PASTISSOS MÉS ORIGINALS
TALLER INFANTIL GRATUIT
18H.-19H. RECEPCIÓ DE PASTISSOS
19:30 H. ENTREGA DE PREMIS I DEGUSTACIÓ
porta el teu pastís de fantasía el
dissabte 30 ABRIL
al pati del Convent de St Agustí
4t CONCURS de PASTISSOS de FANTASIA
www.pastelesdefantasia.com
ORGANITZA:
centre cívic convent de Sant Agustí
COL·LABORA:
ENJULIVNA.com
Kireei
pimienta rosa
c/ Comerç, 36

SYNTHETIC STARCH TO PREPARE AND TO GIVE MORE EXCELLENCE TO ALL TYPE OF FABRICS.
ALMIDÓN SINTÉTICO PARA APRESTAR Y DAR CUERPO A TODO TIPO DE TEJIDOS.
120ml
ALMIDÓN
Nuevo
Ferrokut
AMIDON SYNTHÉTIQUE PRÉPARÉ POUR DONNER DE LA CONSISTANCE À TOUT GENRE DE TISSUS.

Bol de ganchillo

Un tapete de ganchillo se puede convertir en un bol o un recipiente con la ayuda de un poco de almidón. Usa cualquier patrón de tapete y haz tus propias combinaciones de colores. Nosotros te proponemos un proyecto para principiantes muy sencillo y resultón.

Nivel: Principiante

Materiales

Ganchillo del n.° 3

Agua

Ovillos algodón Natura DMC N16, N17, N25

Cuchara

Almidón

Tijeras

Bol

Pincel

Aguja lanera

Puntos utilizados

Cadeneta

Punto bajo

Punto alto

Punto enano

Círculo mágico

Paso a paso

1

Haz el tapete de ganchillo siguiendo el patrón.

2

En un recipiente con agua prepara la mezcla de almidón y agua, siguiendo las instrucciones del fabricante.

3

Coloca el tapete encima de un bol, para darle la forma deseada, y aplica el almidón encima del tapete con un pincel.

4

Déjalo secar y retíralo del bol una vez esté bien seco.

consejo

Encontrarás el almidón en la droguería.

truco

Puedes hacerlo en la forma que quieras. También puedes usar un globo en vez de un bol. Recomendamos usar hilo de algodón y no lana, angora o acrílico, porque las fibras son peludas y no quedan bien cuando se almidonan.

Patrón

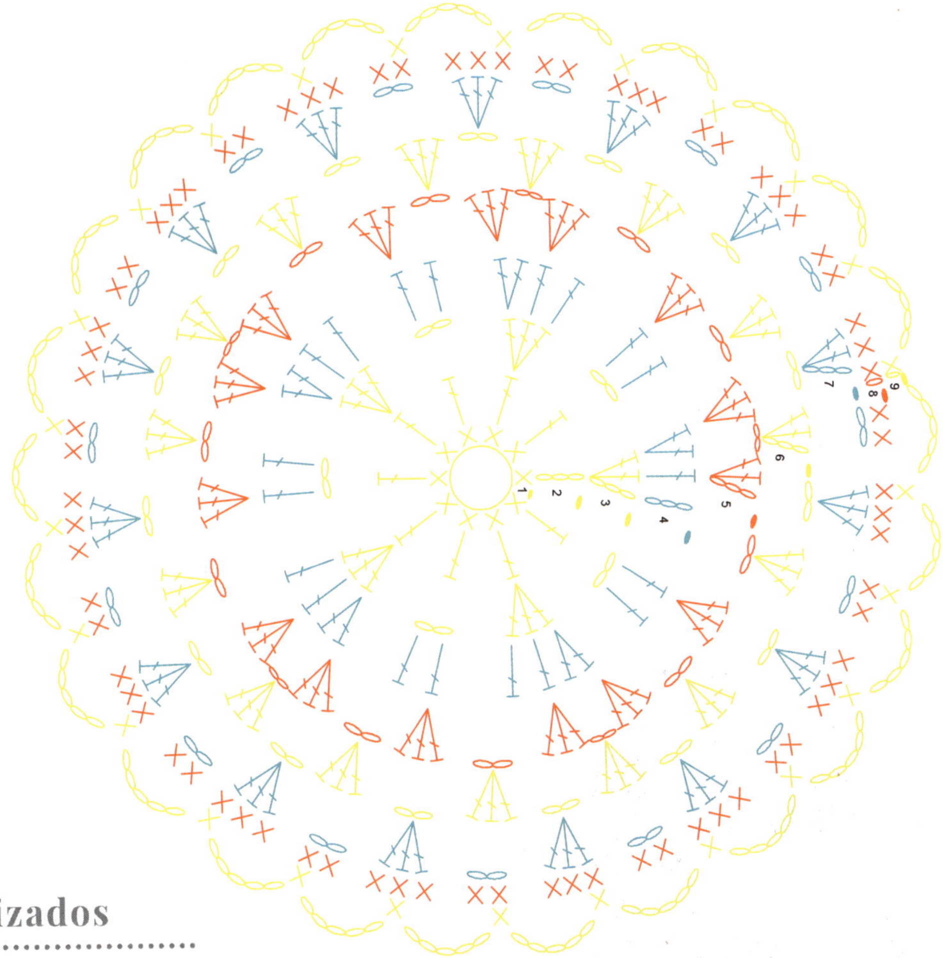

Puntos utilizados

- Círculo mágico
- Cadeneta
- Punto enano
- Punto bajo
- Punto alto
- 3 puntos altos cogidos en el mismo punto

Macetero piña

La moda de forrar objetos de ganchillo viene de lejos y nosotras, fans de lo tropical, hemos transformado una aburrida maceta en una piña bien maja.

Nivel: Principiante

Materiales

Ganchillo del n.° 4.5

Tijeras

Imperdible o marcador

Aguja lanera

Ovillos Natura DMC (N74 Curry, N37 Cannelle)

Macetero de 13 cm de diámetro

Puntos utilizados

Círculo mágico

Punto bajo

Punto bajo en relieve

Punto de piña de 3 puntos altos cogido por delante

Paso a paso

Teje 6 puntos bajos en un círculo mágico trabajando con los dos colores a la vez.

Sigue tejiendo de forma circular aumentando 6 puntos en cada vuelta hasta llegar al diámetro de la base de tu macetero. Nosotras hemos llegado hasta la vuelta número 9 con 54 puntos bajos.

Haz una vuelta tejiendo un punto bajo de relieve en cada punto, así la base del macetero quedará más marcada.

Teje 4 vueltas más de puntos bajos siguiendo el patrón. A partir de ahora ya no tendrás que aumentar puntos.

truco

Puedes hacer el macetero tan grande o pequeño como te apetezca, sólo tienes que hacer la base más grande o pequeña.

5

5a

Clava el ganchillo por delante del punto bajo de la penúltima vuelta y teje un punto de piña de tres puntos altos.

5b

6

Sigue tejiendo siguiendo el patrón hasta llegar a la altura que desees y remata los hilos con una aguja lanera.

Patrón

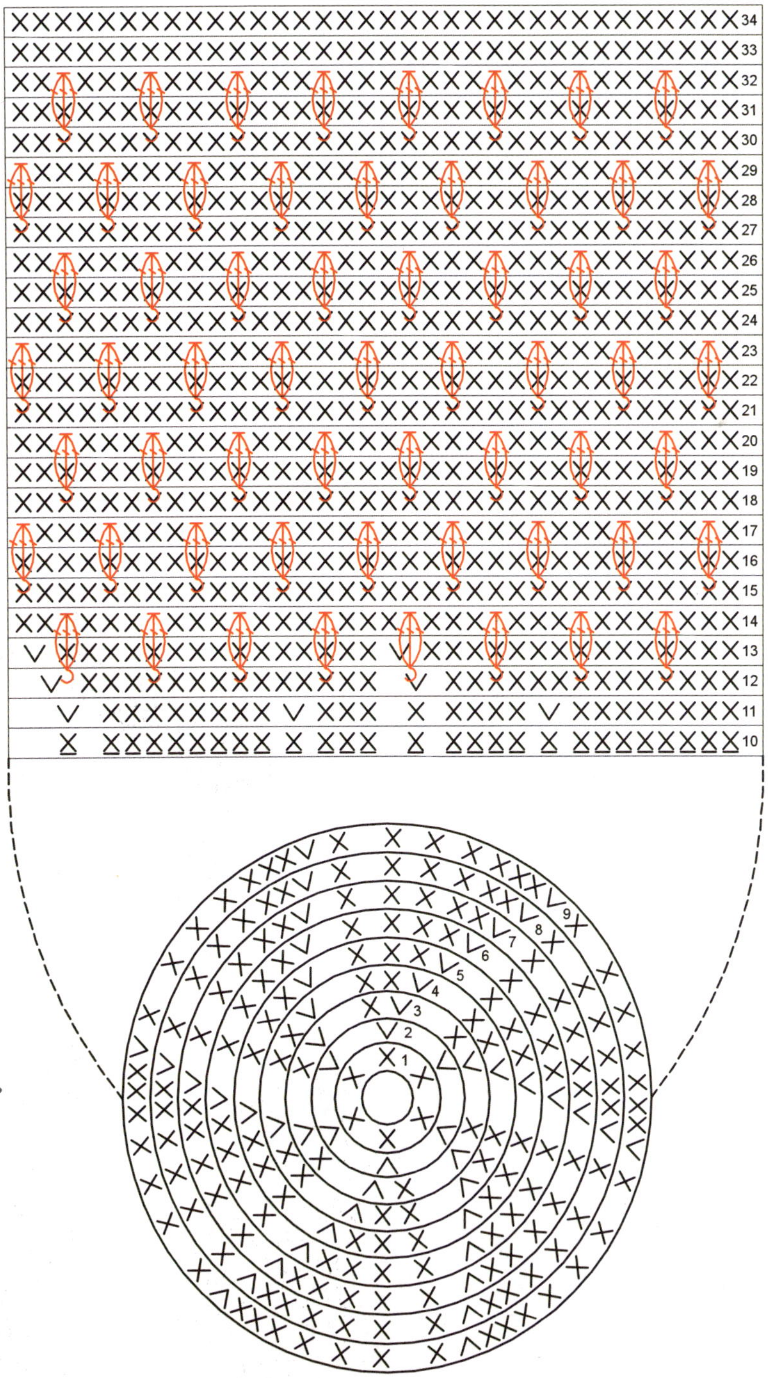

Puntos utilizados

Punto bajo	X
Aumento punto bajo	V
Punto bajo en relieve	
Punto piña de 3 puntos altos cogidos por delante del punto	

Anécdota

Ya sabéis que los años setenta fueron la época dorada de las labores kitsch. Se hacían biquinis imposibles de ganchillo, búhos de macramé y fundas de papel de váter con lacitos, entre otras muchas cosas. Algo que estuvo muy de moda fue la funda de botella de licor en forma de caniche. Para homenajear esas labores de antaño tan kitsch decidimos organizar en 2012 el Concurso de Ganchillo Kitsch 2.0. Hubo muchos participantes y estuvo muy reñido, pero el jurado decidió que el ganador era Toribio, una funda de jarra (¡con grifo incluido!) de Lalala Toys.

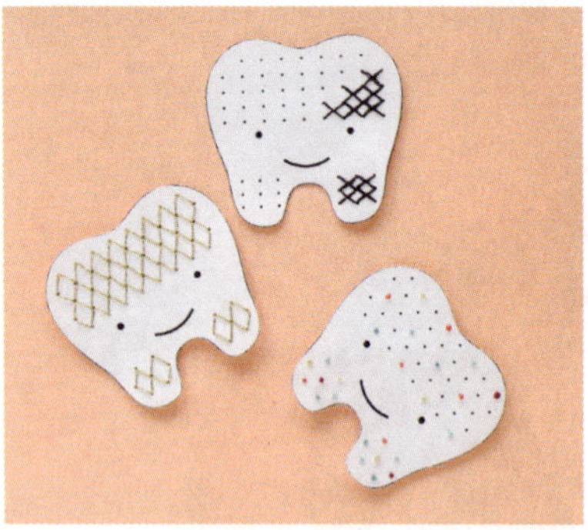

Fiestas y guateques

Abacus

Piñata

Las piñatas son originarias de China, donde se utilizaban en las celebraciones de Año Nuevo. Marco Polo las trajo a Italia y de allí pasaron a España y luego a México, donde se popularizaron y llegaron a convertirse en todo un símbolo. Se pueden hacer de ollas de barro, papel maché o cartón, ¡con la forma que tú quieras! Nosotras hemos hecho una muela con caries, a veces está triste y a veces está contenta...

Nivel: Principiante

Materiales

Papel pinocho

Cuerda o cordel

Cartón

Cartulina negra

Tijeras

Regla

Cola blanca

Lápiz

Cinta carrocero

Paso a paso

Dibuja la muela en el cartón y recorta. Haz dos piezas iguales para los dos lados de la piñata. Corta tiras de 5 cm de ancho para los laterales.

Pega las tiras laterales con cinta de carrocero. Deja un agujero con tapa en la parte de arriba para rellenar la piñata cuando esté acabada.

Haz dos agujeritos en la parte superior, uno en cada lado de la muela, y pasa un trozo de cuerda haciendo dos nudos por la parte interior de la piñata para que no se escape (te servirá para colgarla). Pega la otra cara de la muela con la cinta de carrocero.

Con el papel pinocho se hacen los flequillos que decoran el exterior de la piñata. Recorta 5 cm de papel pinocho enrollado (generalmente siempre lo venden ya enrollado, así que no hará falta ni que lo desenrolles).

truco

El cartón corrugado (el cartón que tiene una onda de papel en el interior) que se usa para la mayoría de cajas de embalar es el más adecuado, porque se adapta perfectamente a todo tipo de formas, incluso a las curvas.

idea

Puedes usarla también como elemento decorativo. ¡Son tan bonitas que a veces da pena romperlas!

5

En la pieza que acabas de cortar, marca con las tijeras flequillos de 1 cm por cada lado.

6

Dobla por la mitad el papel, de manera que los flequillos de cada lado coincidan. El flequillo ya está preparado para pegarlo en la piñata.

7

Pega los flequillos en la muela de cartón de abajo hacia arriba con cola blanca, tira por tira. Luego recorta los ojos y la boca en la cartulina negra y pégala por cada lado, un lado triste y el otro contento.

8

Rellena la piñata con caramelos, confeti y lo que tú quieras (¡siempre que sea ligero!) por el agujero con tapa que hemos dejado en la parte de arriba.

Patrón

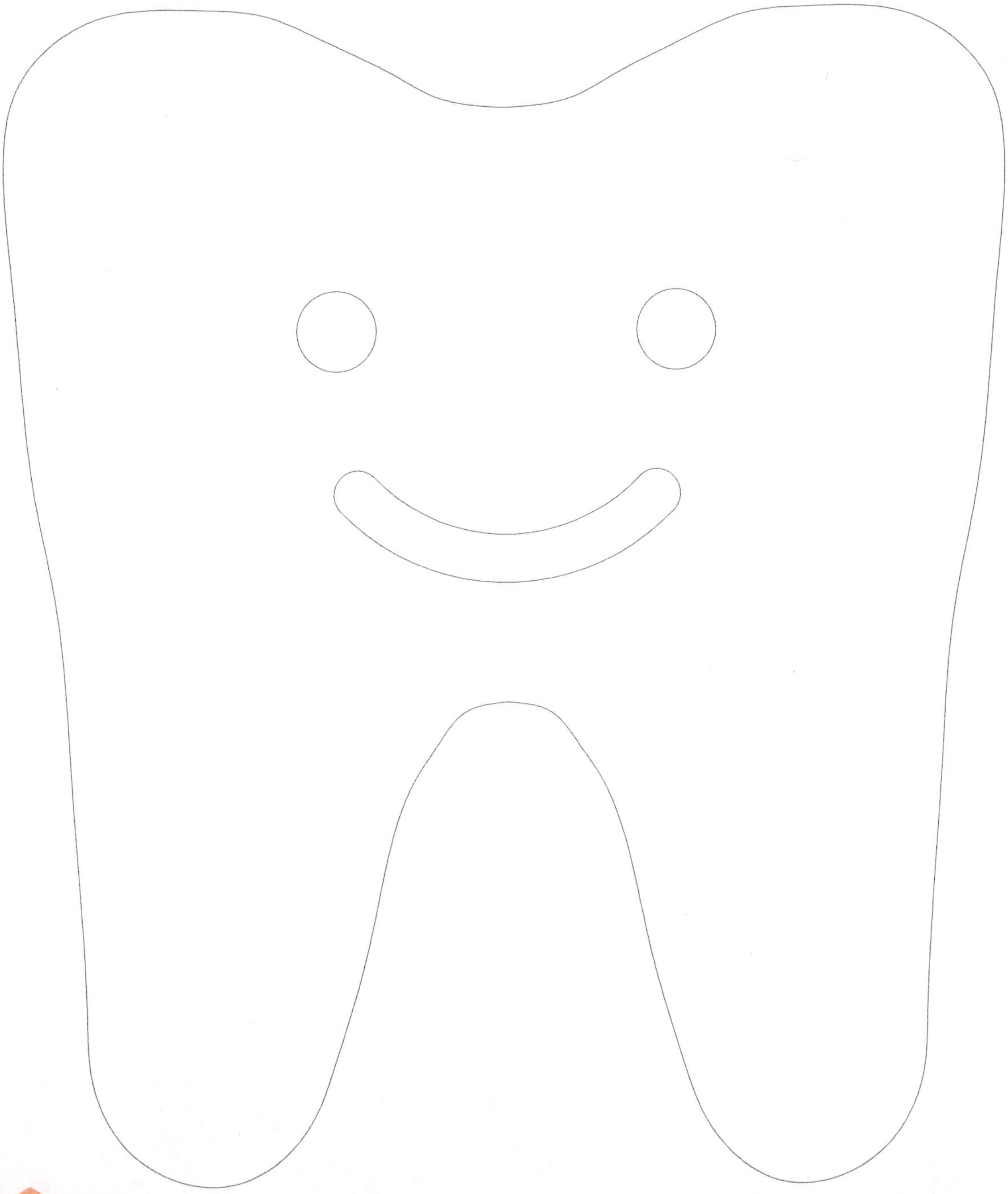

Ampliar un 165%

Guirnalda

Las guirnaldas de nido de abeja son decoraciones que, aunque aparenten una gran dificultad, son muy fáciles de hacer. Las puedes crear de la forma y tamaño que quieras y quedan muy bonitas todas juntas colgando del techo o de la pared. Sorprende a tus invitados con unas decoraciones únicas, seguro que te preguntan dónde las has comprado...

Nivel: Principiante

Materiales

Papel de seda

Tijeras

Cartulina

Pegamento en barra

Regla

Cúter

Aguja

Hilo

Superficie de corte

Hoja de papel

Paso a paso

Corta 48 páginas de papel de seda de 25 x 15 cm.

En una hoja de papel dibuja unas guías que te indicarán por dónde pegar. Haz 5 marcas cada 5 cm, por arriba y por abajo. Marca la primera, la tercera y la quinta con una cruz y la segunda y la cuarta con una redonda. Pon el primer papel de seda y con el pegamento en barra haz 3 líneas verticales de X a X. En total son 3 líneas.

Pon el segundo papel de seda encima del primero de manera que se pegue a la primera hoja. Ahora con el pegamento haremos dos líneas verticales de O a O. Repite esto de forma alternada con todas las hojas, una a una, de manera que se vayan pegando de forma alternada.

Recorta en una cartulina blanca un semicírculo de 15 cm de diámetro y colócalo encima de los papeles pegados. Marca el borde en las hojas con un lápiz.

Recorta por la línea marcada.

Corta dos trozos de cartulina en forma de arco (de 15 cm de diámetro y 3 cm de ancho) y pégalos a cada lado de los papeles para reforzar la estructura.

Enhebra la aguja, clávala en los dos extremos del arco y deja un bucle de hilo, de forma que la guirnalda tenga espacio para abrirse.

truco

Puedes cortar entre 40 y 50 páginas, del tamaño que quieras pero que sean todas iguales. Puede ser monocromático o de varios colores, combínalo como quieras. Inventa formas geométricas o figuras.

Anécdota

El Festivalet es una feria organizada por Duduá que se celebra cada diciembre en Barcelona. Después de seis ediciones, se ha convertido en un referente del diseño independiente y artesanal y reúne a más de cien diseñadores y proveedores de material de todo el país y del extranjero.

Empezó como una feria de pequeño formato y ha ido creciendo año tras año. Durante los dos días de la feria intentamos recrear un ambiente alegre y festivo y por eso la decoración juega un papel tan importante. ¡Las decoraciones de nido de abeja las hemos usado en varias ediciones y es un clásico que nunca falla!

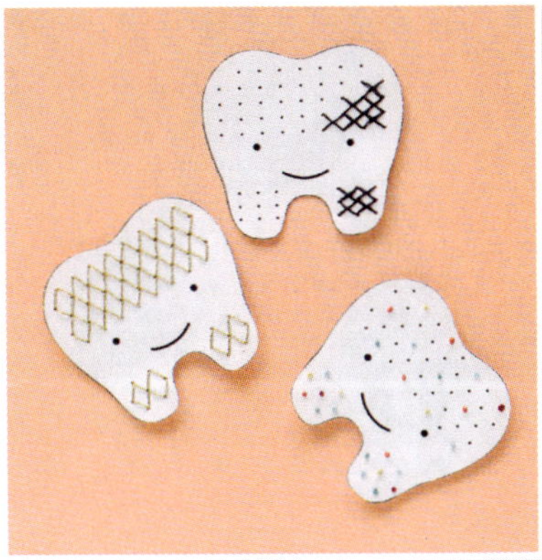

Etiquetas bordadas

Dar es mucho mejor que recibir y si además el paquete es bonito, tienes doble puntuación. En vez de las típicas etiquetas de «Felicidades», prueba a bordar sobre papel éstas más especiales para todas las ocasiones.

Nivel: Principiante

Materiales

Cartulinas de colores
Lápiz
Tijeras de papel
Tijeras de bordado
Cúter
Superficie de corte
Hilos Mouliné de diferentes colores
Punzón
Espuma
Aguja de bordar punto de cruz

Puntos utilizados

Punto de cruz
Punto de nudo
Punto atrás

Paso a paso

idea

Puedes hacer diferentes combinaciones de puntos, colorear partes de la etiqueta con lápices o rotuladores, pegar pompones o combinar distintas cartulinas en una misma etiqueta para crear modelos diferentes.

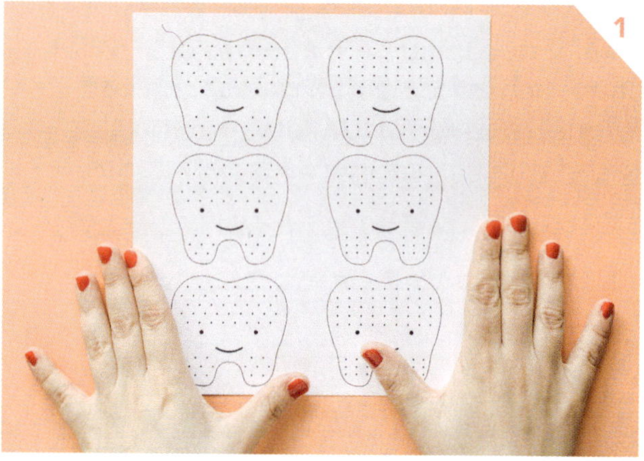

Calca los diseños de las etiquetas en las cartulinas. Es preferible usar cartulinas que papel, ya que el papel es muy fino y se rompería al bordar sobre él.

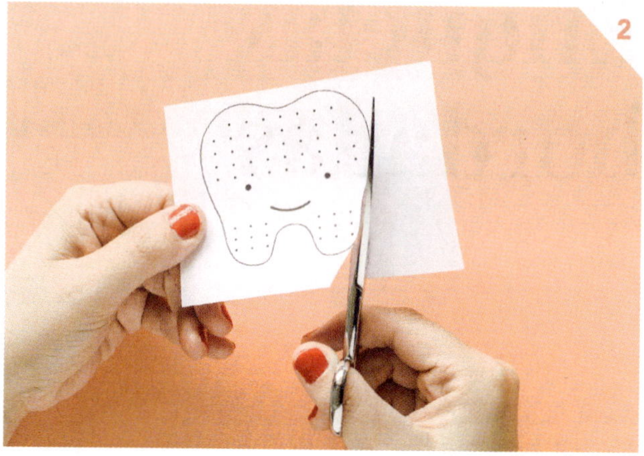

Recorta con las tijeras de papel o el cúter, lo que prefieras, el contorno de la etiqueta.

Perfora con el punzón (también puedes utilizar una aguja o una chincheta) los agujeros de las etiquetas que luego nos servirán para bordar. Es importante poner una base de espuma debajo (puede ser una esponja) para no dañar la superficie en la que trabajas y poder perforar bien la cartulina.

Borda las etiquetas utilizando dos o tres hebras de hilo Mouliné con la aguja de punto de cruz.

Patrones

Ampliar a 139%

Anécdota

Elisa Riera, que ha diseñado estas etiquetas, es una ilustradora y diseñadora de Barcelona y fue una de las primeras en exponer en Duduá, allá por 2007, con una exposición titulada Three Months en la que mostraba noventa acuarelas hechas día a día durante tres meses.
De 2006 a 2011 organizamos más de treinta exposiciones con jóvenes artistas de aquí y de fuera como Mogu Takahashi, Miju Lee, Manuel Donada, Pietari Posti, Jessica Williams, Comte d'Urgell, Olimpia Zagnoli o Human Empire, entre muchos otros.

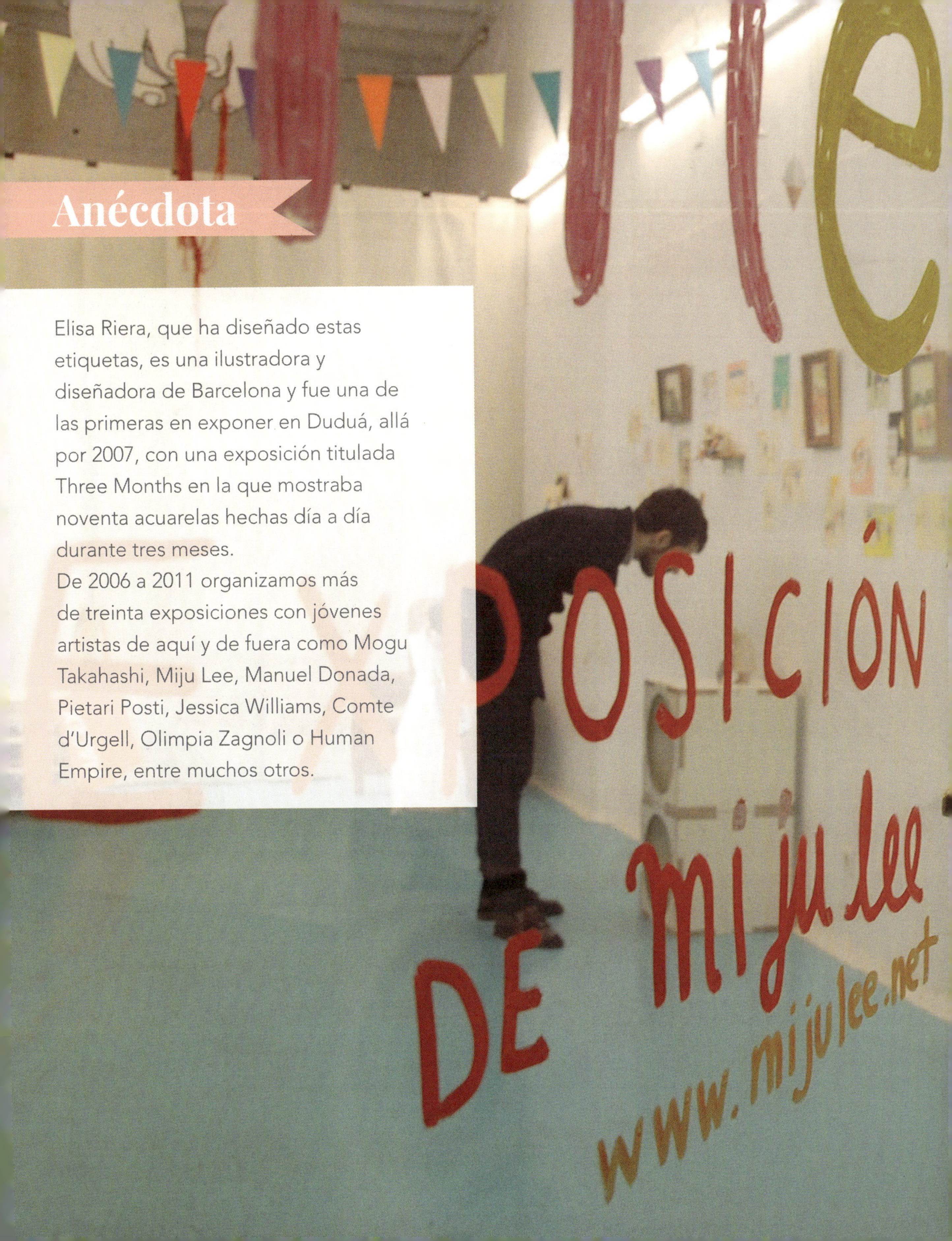

Corona navideña electrotextil

Ha llegado la hora de modernizar las coronas navideñas y ponerles un poco de luz. Sólo tienes que bordar unos leds, es mucho más fácil de lo que te imaginas! Luego podrás aplicarlo a todos los proyectos textiles que se te pasen por la cabeza.

Nivel: Avanzado

Materiales

Fieltro de colores
Guata
Espuma
Pompones
Hilo conductor
Lápiz textil
Hilos Mouliné de colores
Hilo Diamant DMC dorado
Pila CR2032
Portapilas
Led rojo
Hilo de coser rojo
Pintauñas
Tijeras
Cinta de raso
Agujas de bordar
Pinzas de cocodrilo
Corona de porexpán de 24,5 cm de diámetro
Pistola de cola caliente
Cinta de algodón de color verde
Alicates de punta redonda

Puntos utilizados

Punto de festón
Punto lanzado
Punto atrás

Paso a paso

1

Envuelve la corona de porexpán con la cinta de color verde de manera que quede totalmente cubierta.

2

Marca y recorta el fieltro de la cara, el pelo y la pajarita siguiendo los patrones. Haz lo mismo con la espuma y la guata.

3

Cose los pompones a las hojas de fieltro. Pega las hojas a la corona con la pistola de cola caliente de forma escalonada y alternando los colores.

4

Une el pelo a la cara con dos hebras de hilo Mouliné y punto de festón. Borda los ojos con dos hebras de hilo Mouliné con punto lanzado y la boca y el «click» de la pajarita con punto atrás.

Clava el led en la nariz. Puedes ayudarte de un alfiler para perforar mejor el fieltro.

Con los alicates de punta redonda enrolla las patas del led sobre sí mismas de manera que queden en forma de espiral.

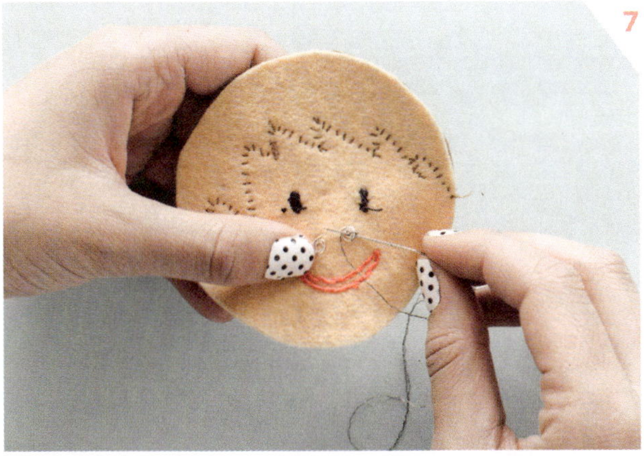

Sujeta con tres puntadas la pata negativa del led al fieltro cosiendo con una hebra de hilo conductor. Procura que las puntadas se vean solamente por el revés de la cara.

Sujeta con tres puntadas la pata positiva del led al fieltro cosiendo con una hebra de hilo conductor y una hebra de hilo de coser rojo (de esta manera el hilo rojo te ayudará a diferenciar el positivo del negativo).

9

Une las dos partes de la cara con dos hebras de hilo Mouliné y punto de festón introduciendo la guata entre los dos círculos. Deja los hilos conductores que has cosido en el paso anterior por fuera.

10

Para hacer el interruptor en la pajarita, cose con una hebra de hilo conductor unas puntadas en el centro de cada círculo de fieltro. Recorta un agujero en el centro de la espuma.

11

Une con dos hebras de hilo Mouliné y punto de festón los dos círculos de la pajarita introduciendo la espuma en el interior. Deja los hilos conductores que has cosido en el paso anterior por fuera.

12

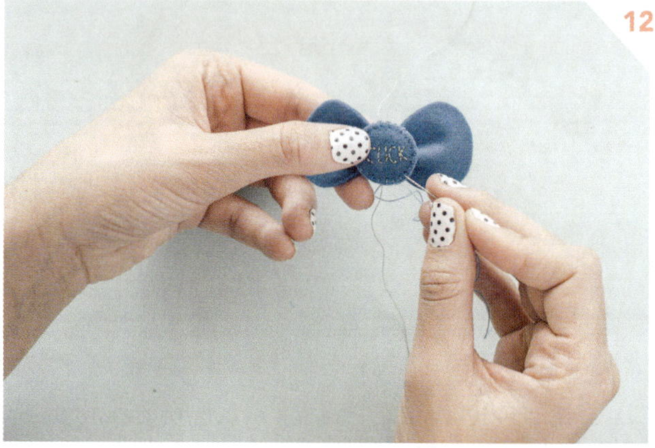

Frunce el lazo de la pajarita haciendo unas puntadas en la parte central. Cose el lazo al círculo click.

13

Engancha el portapilas a la parte trasera de la corona con la pistola de cola caliente.

14

Cose la pajarita a la cara dejando que los hilos conductores caigan hacia abajo.

15

Enhebra una aguja con el hilo conductor y el hilo rojo que viene de la pata positiva del led, cose cuatro puntadas por la parte trasera de la cara y remata. Enhebra uno de los hilos conductores de la pajarita (no importa cuál de ellos), cose cuatro puntadas por la parte trasera de la cara y remata en el mismo punto donde has rematado el hilo que venía del led, de manera que los hilos conductores de la pajarita y del led se toquen.

16

Pega la cara a la corona con la pistola de cola caliente. Es importante que la cola caliente no toque el hilo conductor

17

Enhebra una aguja con el otro hilo conductor de la pajarita y anúdalo al polo positivo del portapilas. Enhebra una aguja con el hilo conductor de la pata negativa del led y anúdalo al polo negativo del portapilas.

truco

Puedes pintar con pintauñas la pata positiva (la más larga) del led para diferenciarlas fácilmente.

Gráfico

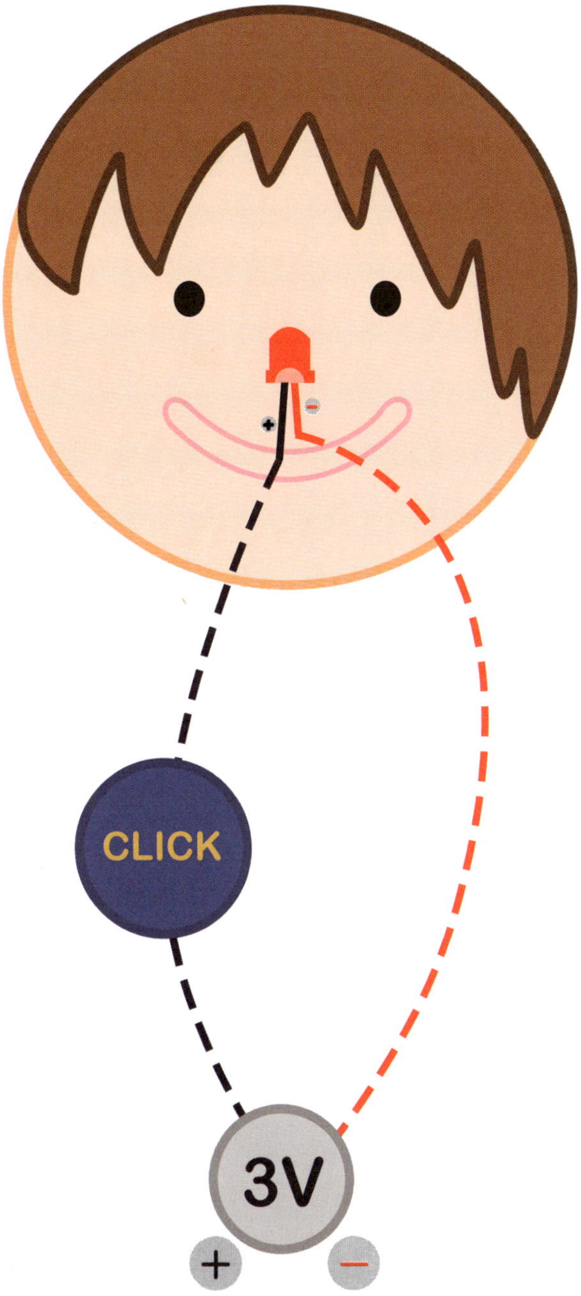

Patrón

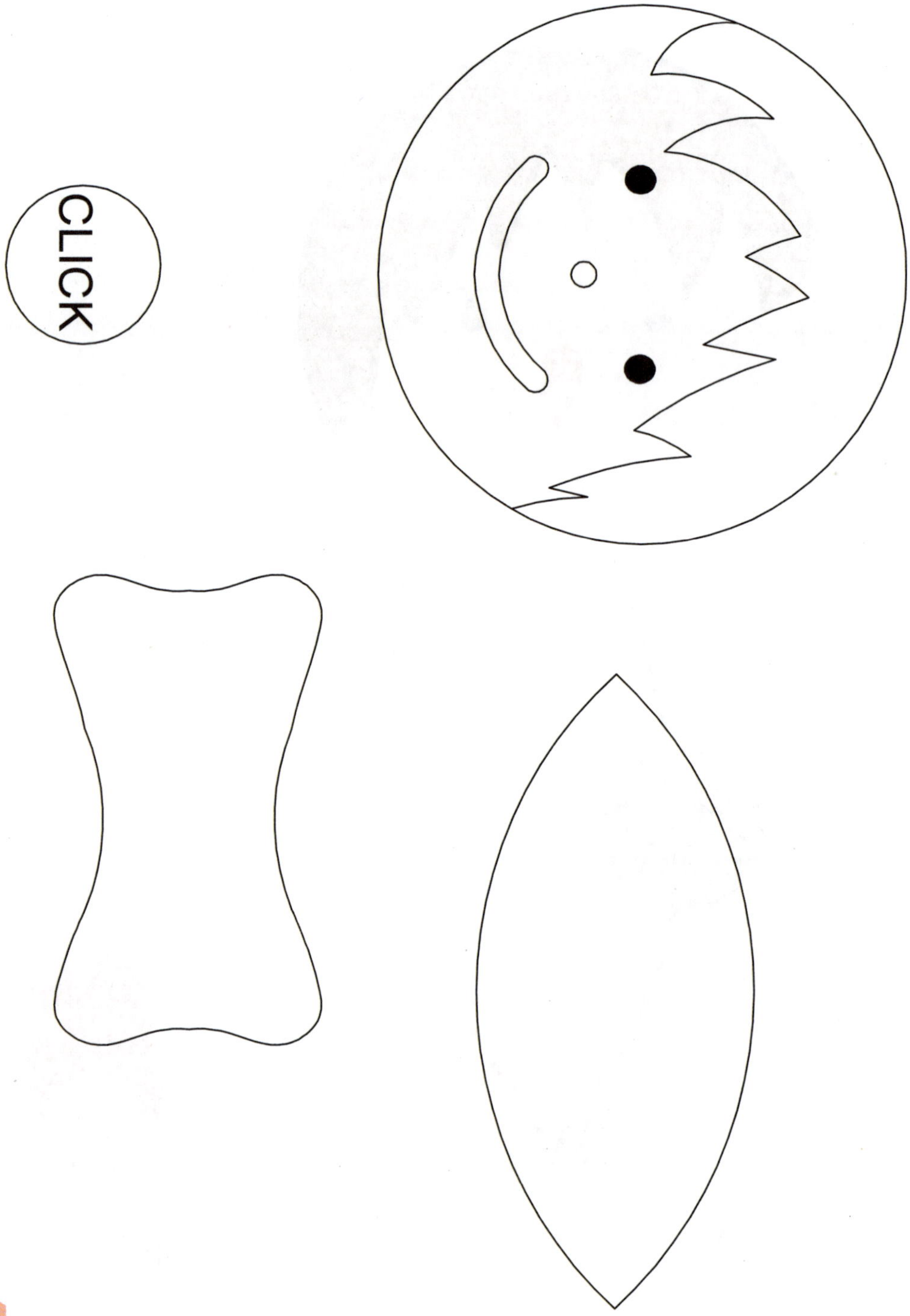

Ampliar a 111%

Anécdota

Los textiles electrónicos son textiles que incorporan circuitos, microcontroladores y materiales que conducen la electricidad. Sus aplicaciones se extienden desde el arte y la moda hasta la performance, la música y el diseño interactivo. El hilo conductor nos permite bordar los circuitos en superficies blandas como la tela o el fieltro. Afroditi Psarra es una artista griega que trabaja con electrotextiles y Lilypad, una placa de Arduino diseñada especialmente para textiles. En 2013 vino por primera vez a Duduá a impartir dos talleres de introducción a los electrotextiles. Uno de los proyectos de Afroditi que más nos gustan es Lilytronica, una serie de sintetizadores bordados con los que hasta hace conciertos.

5
10
15
IDEAS
DESAPARECE CON AGUA

Posavasos de tapicería

Vienen invitados a casa y tienes que lucirte con estos posavasos hechos a mano porque, además de ser útiles, son bonitos y no hay dos iguales.

Nivel: Principiante

Materiales

- Cañamazo
- Algodón Retors DMC
- Hilo
- Tijeras de tela
- Tijeras de bordar
- Fieltros de diferentes colores
- Rotulador de bordado
- Regla
- Agujas de bordado de tapicería
- Agujas de coser a mano
- Bastidor de tapicería (opcional)

Puntos utilizados

Punto bizantino

Paso a paso

Marca con hilo los límites del posavasos. Nosotras los hemos hecho de aproximadamente 9,5 x 9,5 cm, unos 44 x 44 puntos (el número de puntos dependerá del tipo de cañamazo que utilices).

Clava la aguja dejando el nudo por el derecho; de esta forma bordarás encima del hilo y después podrás cortar el nudo.

Borda el posavasos utilizando los puntos de tapicería del final del libro y combinando los colores de la forma que más te guste. Es importante que el cañamazo quede totalmente cubierto, por lo que a veces tendrás que usar dos hebras juntas de algodón Retors en el bordado. Haz una prueba antes de empezar el posavasos para ver cuántas hebras necesitas.

Corta el cañamazo dejando un margen de 1 cm y retira los hilos de los límites.

consejo

Atención con los tipos de cañamazo, varían mucho el número de puntos por centímetro y pueden quedar más grandes o más pequeños de la medida deseada.

Marca y corta los trozos de fieltro a la medida de los posavasos (9,5 x 9,5 cm).

Dobla el margen del cañamazo hacia el revés, coloca el fieltro y cose con un hilo de color parecido al fieltro o con hilo transparente (de nylon).

Barba de ganchillo

Una barba de ganchillo es el complemento ideal para los días de frío o para ir a una fiesta de disfraces. Hazla de la forma y dimensiones que quieras. Nosotras las hicimos para una guerrilla de ganchillo y fue un éxito total.

Nivel: Intermedio

Materiales

Lana Woolly DMC (color 113)

Ganchillo del n.° 3,5

Tijeras

2 imperdibles o marcadores

Aguja lanera

Puntos utilizados

Cadeneta

Punto enano

Punto bajo

Punto medio

Punto alto

Punto piña

Paso a paso

Siguiendo el patrón como guía, haz una tira de puntos de cadeneta; serán las cintas para abrochar la barba alrededor de la cabeza. Para reforzar las tiras haz una pasada de punto bajo. ¡Recuerda que cada cabeza es de un tamaño distinto!

1

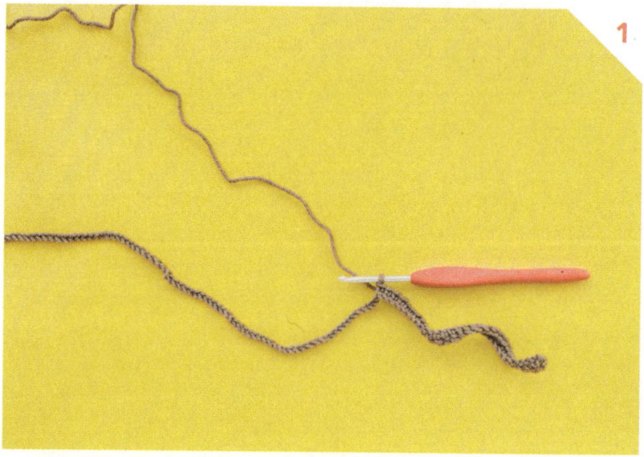

2

Marca el ancho de la cara de pómulo a pómulo con los imperdibles. Empezando por el imperdible de la izquierda, haremos 5 pasadas de punto piña para hacer la primera mejilla. Ayúdate del patrón, pero según las características de la cara necesitarás más o menos pasadas.

3

Haz lo mismo en la otra mejilla.

4

Une las dos mejillas con una tira de puntos de cadeneta por la parte inferior interna de la mejilla y termina la barba con varias pasadas de punto piña, reduciendo para hacer la forma deseada. Hazla todo lo larga que quieras.

5

Teje aparte el bigote siguiendo el patrón y únelo a la barba con una aguja lanera y un trozo de lana del mismo color.

idea

Combina varias hebras de distintas tonalidades para hacer una gama de colores degradada.

Patrones

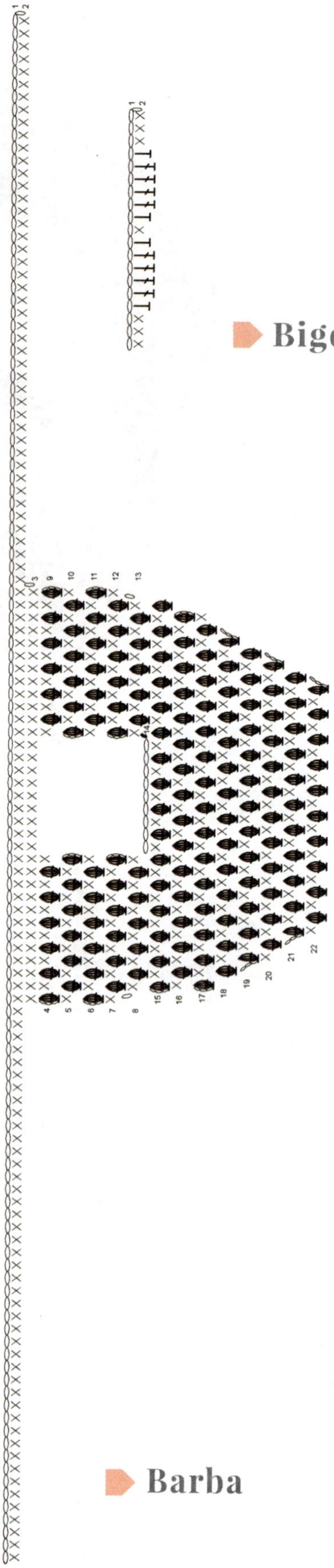

Bigote

Barba

Puntos utilizados

Cadeneta

Punto enano

Punto bajo

Punto medio

Punto alto

Punto piña

Anécdota

La guerrilla de ganchillo nació en 2010 de forma natural cuando decidimos convocar por internet varias acciones destinadas a sacar el ganchillo al espacio público y, de esta manera, cambiar la imagen que se tiene de las labores.

Este movimiento internacional, conocido porpularmente como *urban knitting* o *yarnbombing*, había nacido unos años antes en Estados Unidos de la mano de Knitta Please, un colectivo de Texas fundado por un grupo de tejedores que salían por la noche y forraban elementos urbanos con ganchillo cual grafiteros.

Periódicamente convocábamos acciones específicas en distintos barrios de Barcelona con unas instrucciones, lugar y hora, y podía unirse quien quisiera. Las primeras acciones eran puramente decorativas (como forrar troncos de árbol o poner calentadores en bancos) pero fue evolucionando hasta tener una vertiente más social y reivindicativa.

Hicimos jardines verticales con ganchillo y plantas crasas reclamando más espacios verdes en la ciudad, candados y cadenas para bicis pidiendo más seguridad, o barbas de ganchillo para pedir más presencia masculina en el mundo de las labores. Esta acción fue de las más populares; nos sentamos en una plaza con nuestras barbas y bigotes de ganchillo bien colocados y nos encadenamos al banco con cadenetas de ganchillo en una gran telaraña que iba creciendo a medida que tejíamos. ¡Acabamos rodeados de niños y mayores con muchas ganas de aprender a tejer!

Para lucir y regalar

Pajarita

Las pajaritas están de moda y no hay duda de que la vas a necesitar para ser el más elegante de la fiesta. Elige la tela que más combine con tu ropa y ¡hazte una distinta para cada día de la semana!

Nivel: Principiante

Materiales

- Tela de algodón 25 x 110 cm
- Entretela adhesiva 25 x 55 cm
- Piezas para el cierre de la pajarita
- Hilo
- Cinta métrica
- Tijeras
- Lápiz textil o jaboncillo
- Plancha
- Máquina de coser

truco

Si la tela que usas para hacer la pajarita es muy gruesa no es necesario que uses la entretela adhesiva. En cambio, si la tela es muy fina puedes planchar la entretela en las dos piezas A y en las dos piezas B.

Paso a paso

1

Marca el patrón de las piezas A y B de la pajarita en la tela de algodón y en la entretela adhesiva (el margen de costura está incluido en el patrón). Corta dos piezas A y dos piezas B de la tela de algodón y una pieza A y una pieza B de la entretela adhesiva.

2

Plancha la entretela adhesiva a una de las piezas A y a una de las piezas B de la tela de algodón.

3

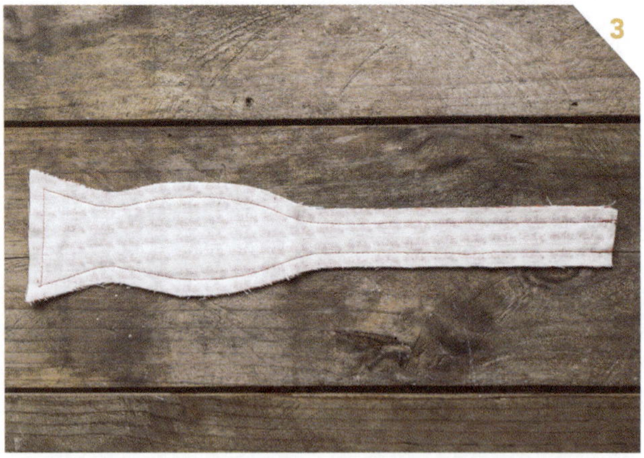

Enfrenta el derecho de las dos piezas A y el derecho de las dos piezas B y cose por el revés del punto * al punto * (dejando un trozo sin coser para poder darle la vuelta a las piezas). Recuerda que el margen de costura de 1 cm está incluido en el patrón.

4

Recorta el margen de costura por la mitad. Haz un corte en las esquinas y unos piquitos en las zonas curvas de la pajarita; de esta forma la curva quedará más bonita al girar la pieza.

Gira y plancha las dos piezas, A y B. Puedes usar una aguja de tricot o un palillo chino para ayudarte a perforar las piezas, ¡cuidado con no perforar la tela!

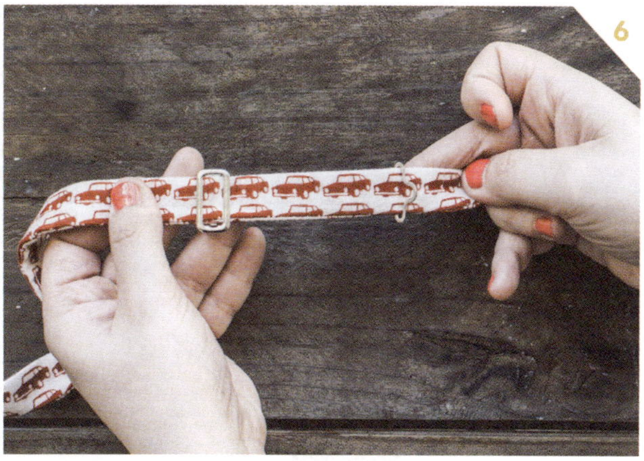

Introduce la hebilla y el cierre en la pieza A de la pajarita.

Introduce la parte recta de la pajarita dentro de la hebilla.

Cose la tela.

idea

En internet hay miles de tutoriales para anudar una pajarita. Escoge el que más te guste y así podrás llevar siempre el nudo perfecto.

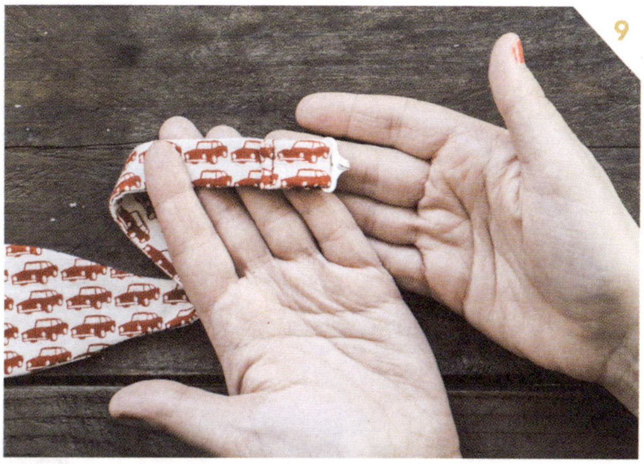

Introduce el otro cierre en la pieza B y cose.

Patrón

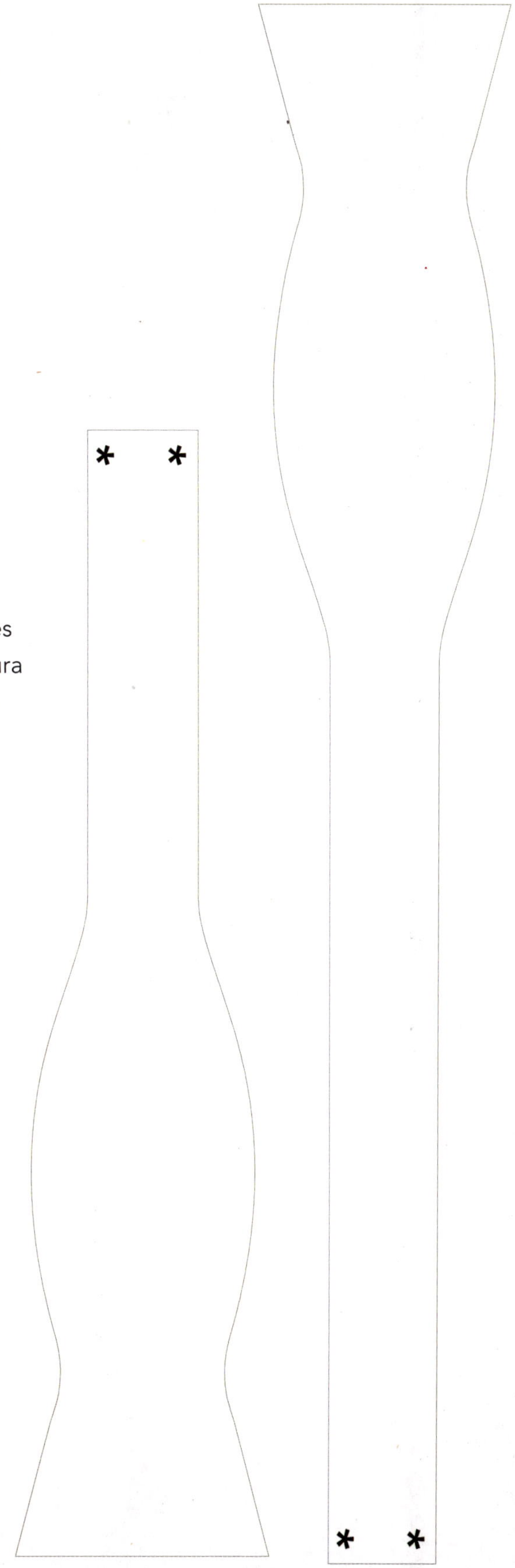

Pieza A

Cortar 2 unidades
Margen de costura
de 1 cm incluido

Pieza B

Cortar 2 unidades
Margen de costura
de 1 cm incluido

Ampliar a
236%

Bufanda

El primer proyecto que sueles hacer cuando aprendes a tejer es una bufanda, pero, como ya hemos superado esa fase de iniciación, te proponemos un punto más especial combinando tres colores.

Nivel: Intermedio

Materiales

Agujas de tricot del n.° 4

6 ovillos Wooly DMC (colores 112, 062 y 091)

Aguja lanera

Tijeras

Puntos utilizados

Montar puntos

Cerrar puntos

Derecho

Revés

Punto borde (tejer siempre del derecho)

truco

Puedes tejer la bufanda todo lo ancha o estrecha que quieras, sólo tienes que repetir o eliminar grupos de 15 puntos del patrón.

Paso a paso

Monta 45 puntos.

Teje una pasada del derecho. El primer y último punto de cada pasada siempre es un punto del derecho (también llamado punto del borde). Siguiendo el patrón empieza la siguiente pasada y teje 5 puntos del derecho.

Teje 7 puntos del revés y sigue el patrón para completar el dibujo de triángulos. Recuerda seguir el patrón en las pasadas impares y tejer siempre del derecho en las pasadas pares.

Cuando lleves un trozo tejido puedes cambiar de color. Hazlo siempre en las pasadas pares para que no se vea el cambio de color en el derecho de la bufanda.

5

Repite el patrón tantas veces como te apetezca hasta llegar al largo de bufanda que quieras. Cierra los puntos.

6

Con una aguja lanera remata los extremos de la lana. Puedes planchar la bufanda, usando sólo el vapor de la plancha, y así quedará más lisa.

Patrón

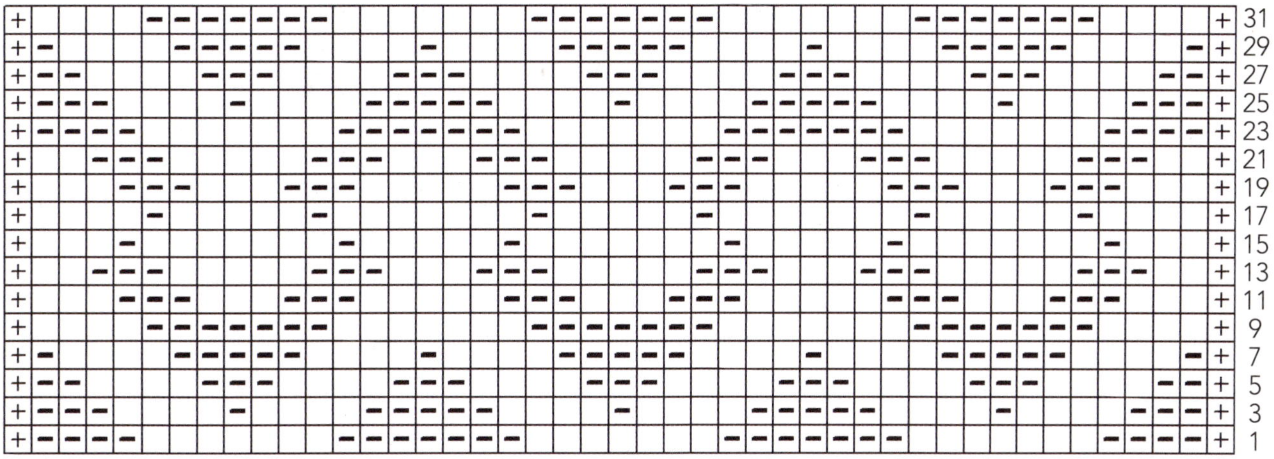

Puntos utilizados

Montar puntos

Cerrar puntos

Derecho ⊟

Revés □

Punto borde (tejer siempre del derecho) ⊞

Lazo

Este lazo está hecho con punto de arroz, un punto muy bonito y muy sencillo. Es un proyecto muy resultón y muy fácil, así que si acabas de aprender tricot, éste puede ser tu segundo proyecto. ¡Seguro que acabas haciendo lazos para todas tus amigas!

Nivel: Principiante

Materiales

1 ovillo Woolly DMC (color 073)

Agujas de tricot del n.° 4,5

Ganchillo del n.° 4

Aguja lanera

Tijeras

Puntos utilizados

Punto de arroz

Paso a paso

Monta 13 puntos.

Para hacer el punto de arroz se intercala el punto del derecho y del revés. Cuando termines la pasada con un punto, empieza la siguiente con el mismo punto. De esta forma se crea la trama intercalada que hace el efecto de granos de arroz.

Teje dos piezas en punto de arroz: una grande de 23 x 6 cm (monta 13 puntos) y otra más pequeña de 9 x 3 cm (monta 6 puntos).

Enhebra un trozo de lana en la aguja lanera y une los extremos cortos de la pieza grande.

Frunce ligeramente por la mitad la pieza grande para crear la arruga central del lazo y cose.

Une los extremos de la pieza pequeña alrededor de la pieza grande por la parte de atrás.

Haz 3 tiras de puntos de cadeneta de ganchillo del tamaño de tu cabeza y pásalas por dentro de la pieza pequeña.

truco

Monta siempre puntos impares.

141
142
143
144
145
146
147

Tote bag

Las bolsas de algodón se pueden usar como bolso o para ir a la compra o a la playa. No tiene límites, juega con los estampados y adáptalas a cada estación del año.

Nivel: Principiante

Materiales

Tela de algodón 90 x 80 cm

Tijeras

Hilo

Cinta métrica

Lápiz textil o jaboncillo

Plancha

Máquina de coser

Paso a paso

1

Corta la tela de algodón en dos piezas de 47 x 40 cm y otras dos de 70 x 12 cm.

2

Con la puntada de zigzag de la máquina de coser, haz un zigzag en los bordes de las dos piezas de 47 x 40 cm (de esta manera se evita que la tela se deshilache).

3

Enfrenta el derecho de las dos piezas de 47 x 40 cm y cose por el revés el contorno de las piezas, dejando sin coser la parte superior (en forma de U).

4

Dobla las piezas de 70 x 12 cm por la mitad, ábrelas y vuelve a doblar las dos mitades por la mitad. Plancha las dos piezas, que serán las asas.

truco

- Acuérdate de rematar bien al principio y final de cada costura.
- Puedes usar un lápiz para ayudarte a sacar bien las esquinas de la bolsa cuando le des la vuelta.

5

Cose las dos asas por uno de los bordes.

6

Gira la bolsa. Haz un dobladillo de 2 cm en la parte superior de la bolsa y plánchala.

7

A 7 cm del borde haz una marca en cada lado; en total hay 4 marcas, los puntos por donde van las asas (así quedarán siempre a la misma distancia). Introduce las asas por el dobladillo y sujétalas con alfileres.

8

Cose el dobladillo con las asas. Si quieres puedes coser una cruz en cada asa, para que sean más resistentes.

Funda para iPhone en punto de cruz

Personaliza tu funda de iPhone con esta carcasa de plástico perforada disponible en varios colores. ¡No habrá dos iguales!

Nivel: Principiante

Materiales

Funda de iPhone perforada

Aguja de punto de cruz

Hilos Mouliné

Tijeras

Puntos utilizados

Punto de cruz

Paso a paso

Coge dos hebras de hilo Mouliné y haz un nudo en el extremo. Introduce la aguja en la funda dejando el nudo por la parte frontal; el hilo se camuflará con el mismo bordado de punto de cruz y podrás cortar el nudo.

Borda la primera línea de diagonales de izquierda a derecha.

Una vez hayas terminado la primera línea, borda las diagonales de derecha a izquierda volviendo hacia atrás. De esta manera se crearán las cruces.

Corta el nudo y sigue bordando el resto del diagrama.

truco

No cojas hebras muy largas porque se te pueden liar y hacer nudos muy fácilmente.

idea

¡Puedes diseñar tus propios gráficos con un papel cuadriculado y unos lápices de colores!

Rf.957
DOME
707
DOME
Rf.996
DOME

Patrón

964	368	720
958	369	722
967	3844	892
3341	3846	894
972	726	

Funda para iPad

Hay que proteger la pantalla de arañazos y ¡qué mejor que aprovechar la ocasión para aprender a hacer jacquard de ganchillo y a la vez hacerte una funda para la tablet!

Nivel: Intermedio

Materiales

Ganchillo del n.° 3

Tijeras

Aguja lanera

Ovillos Natura DMC (N61 Crimson, N11 Noir, N19 To-paze, N04 Ambar, N09 Gris Argent)

Puntos utilizados

Cadeneta

Punto bajo

Punto bajo en relieve

Punto enano

Paso a paso

Teje 35 puntos de cadeneta.

Empezando por la penúltima cadeneta (la n.° 34), teje 1 punto bajo a cada lado de las cadenetas y en las cadenetas de los extremos teje 3 puntos bajos; tendrás un total de 70 puntos bajos.

A partir de ahora trabajarás de forma circular. Teje 3 vueltas de 70 puntos bajos de relieve cada una. Cuando estés a punto de terminar la tercera vuelta coge los colores que usarás en la siguiente vuelta y vas tejiendo sobre ellos a medida que acabas la vuelta.

Teje 6 puntos bajos de relieve usando el color negro. El séptimo punto bajo de relieve se empieza en color negro y se cierra en color gris.

truco

Puedes poner un imperdible en el principio de cada vuelta, para saber dónde empieza y acaba cada una.

Teje 6 puntos bajos de relieve usando el color gris. El séptimo punto bajo de relieve se empieza en color gris y se cierra en color negro.

Trabaja de esta manera siguiendo el patrón. Ten en cuenta que los hilos no se cortan, sino que se apartan cuando no se usan y se van cogiendo por dentro al principio/final de cada vuelta.

Cierra y remata los hilos.

idea

Puedes usar este patrón para cualquier tablet o iPad modificando el número de cadenetas (y añadiendo o quitando 1 punto bajo de relieve más a cada grupo de color en lugar de 7, 8 o 9 puntos bajos de relieve).

Patrón

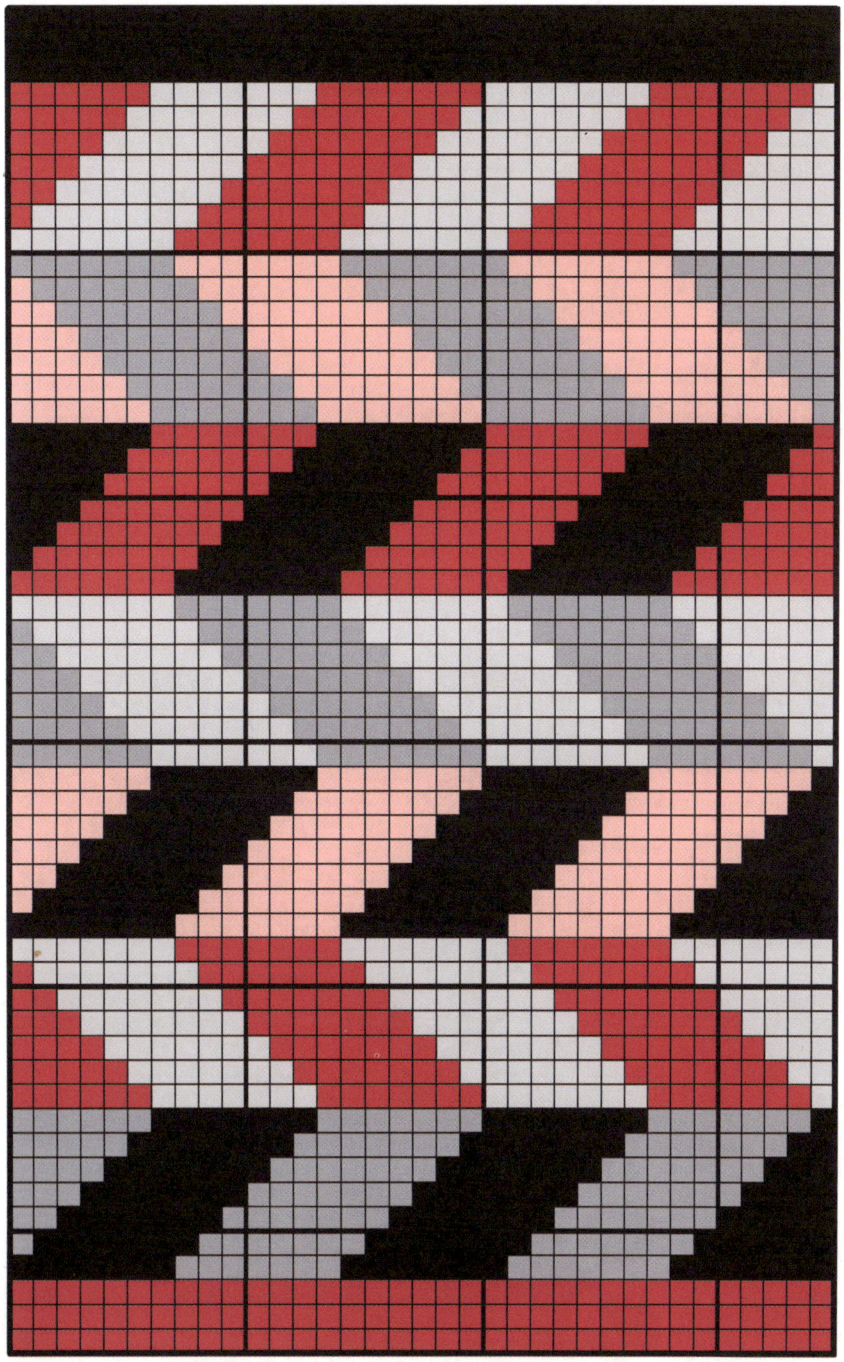

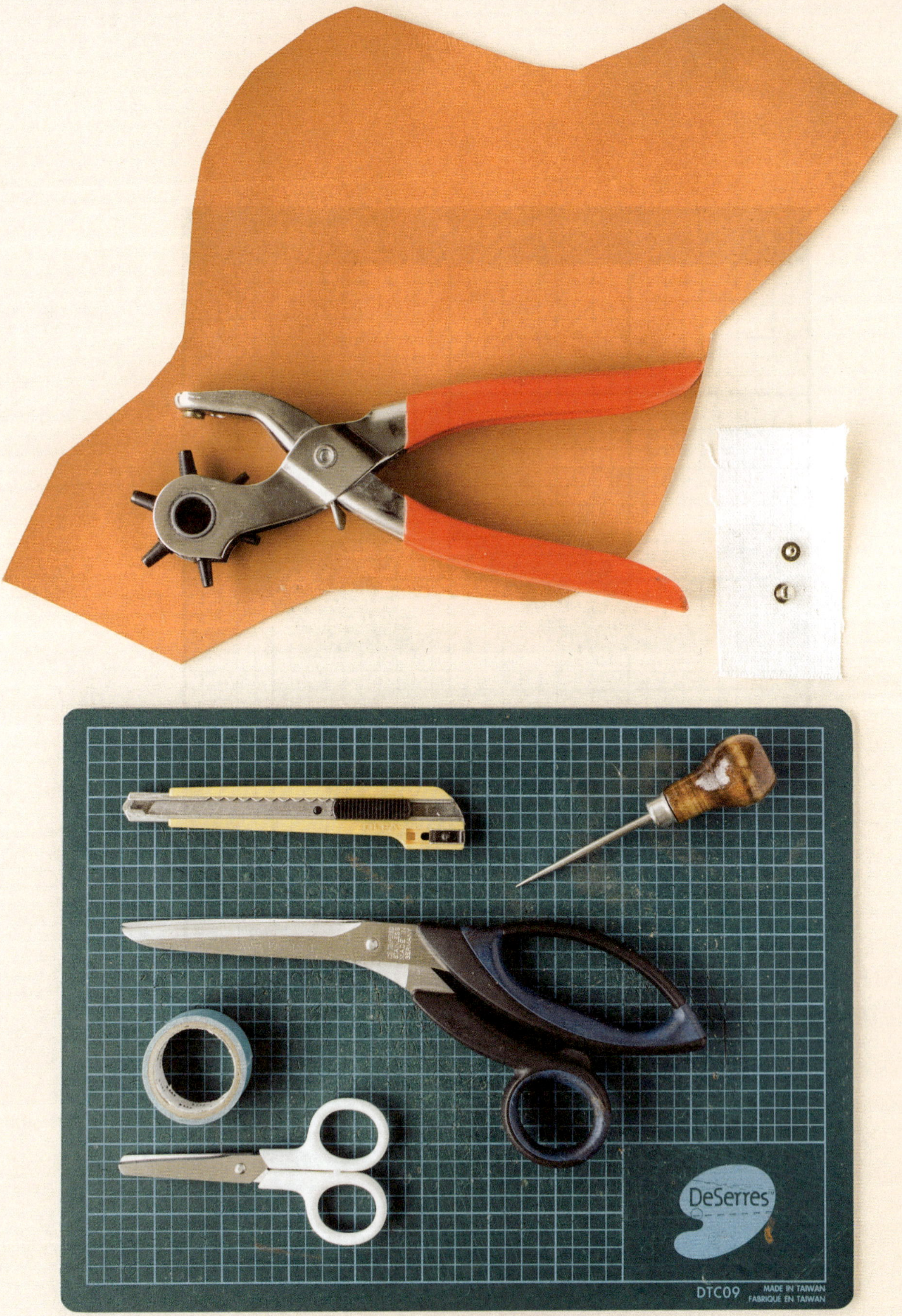
DeSerres
DTC09
MADE IN TAIWAN
FABRIQUÉ EN TAIWAN

Cartera de piel

Daniel Levy es un diseñador israelí muy apañado que te puede hacer desde una mesa hasta una cartera de piel o un pastel de ciruela. Esta cartera era uno de los proyectos que enseñaba a hacer, con mucho éxito, en su taller de miniaccesorios de piel en Duduá.

Nivel: Principiante

Materiales

Piel de vacuno, de curtido vegetal de 1,5 mm de grosor

Sacabocados

Botón gemelo

Tijeras de papel

Tijeras para cortar cuero

Cúter

Superficie de corte

Punzón

Cinta adhesiva de papel

Trozo de loneta de algodón

Toallitas húmedas

Paso a paso

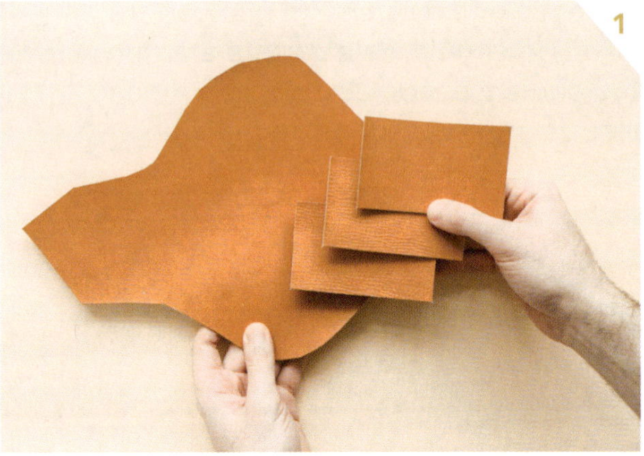

Corta la piel un poco más grande que el patrón, dejando un margen de 2 cm alrededor.

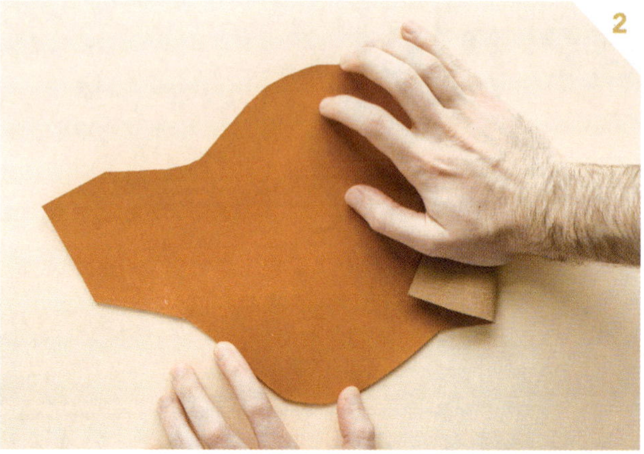

Dale textura enfrentando cara con cara de la piel y apretando con la palma de tu mano como si quisieras enrollarla. Si lo haces en varias direcciones conseguirás diferentes texturas.

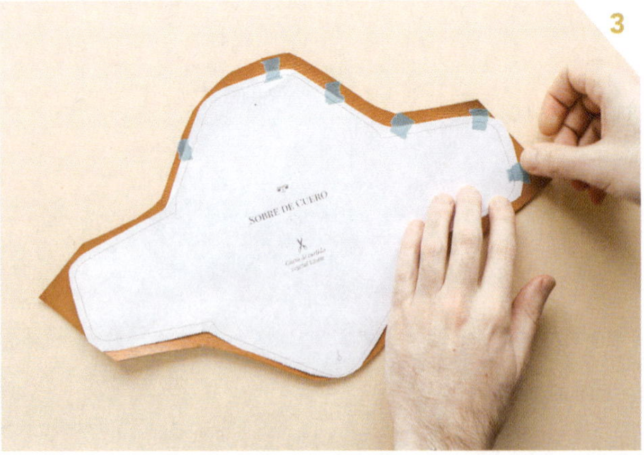

Corta el patrón de papel de la cartera dejando un margen de 1 cm. Pega el patrón sobre la piel usando la cinta adhesiva.

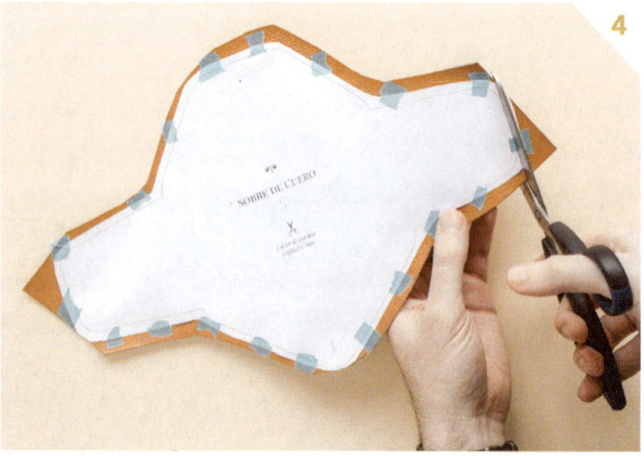

Corta la piel siguiendo el contorno del patrón.

idea

Prueba a usar el mismo patrón con diferentes pieles y diferentes texturas; podrás crear muchas carteras diferentes.

5

Marca los agujeros del cierre con un punzón. Una marca en el agujero superior y 5 marcas en el agujero inferior.

6

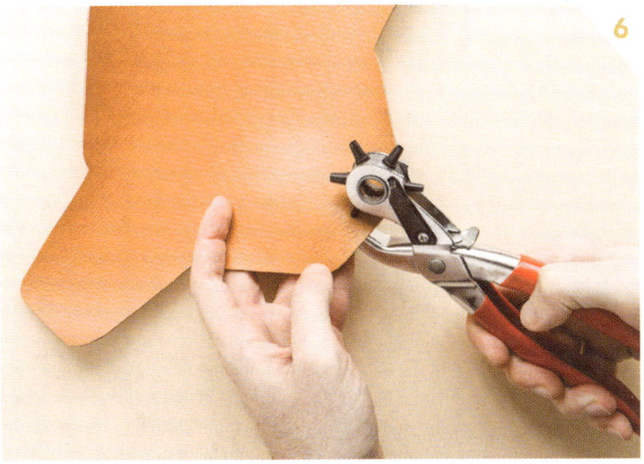

Usando el sacabocados haz los agujeros en las marcas hechas en el paso anterior. Para el agujero superior utiliza la pieza más pequeña del sacabocados y para el agujero inferior utiliza la pieza más grande.

7

Corta con el cúter la línea que va del agujero más grande al punto.

8

Pule el borde de la cartera frotándolo con una toallita húmeda.

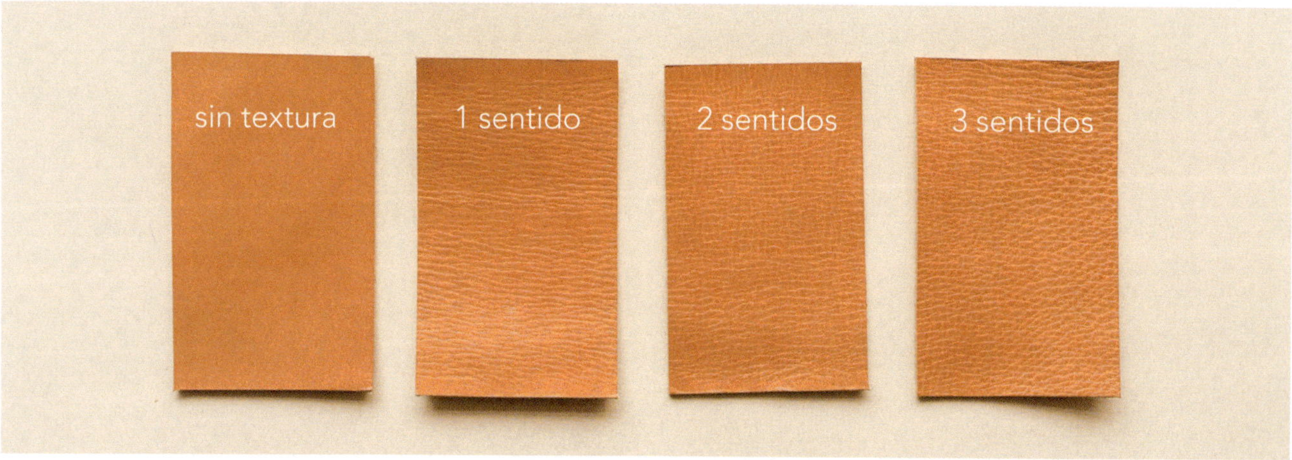

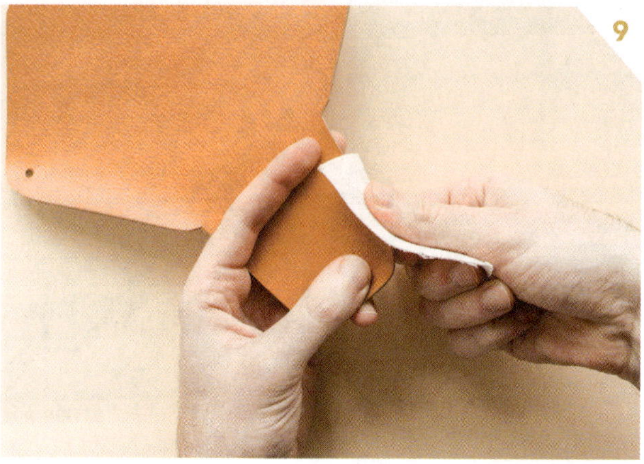

Frota el borde de la cartera con el trozo de la loneta de algodón. Repite este paso varias veces para que quede brillante y pulido.

Moja con la toallita húmeda las zonas alrededor de los agujeros de los cierres. Frota estas zonas con la loneta hasta que queden brillantes. De esta forma le darás rigidez a la piel.

Coloca el botón gemelo en el agujero pequeño.

Dobla las solapas de los cierres y cierra la cartera. Desliza las solapas laterales por debajo de las solapas del cierre.

Patrón

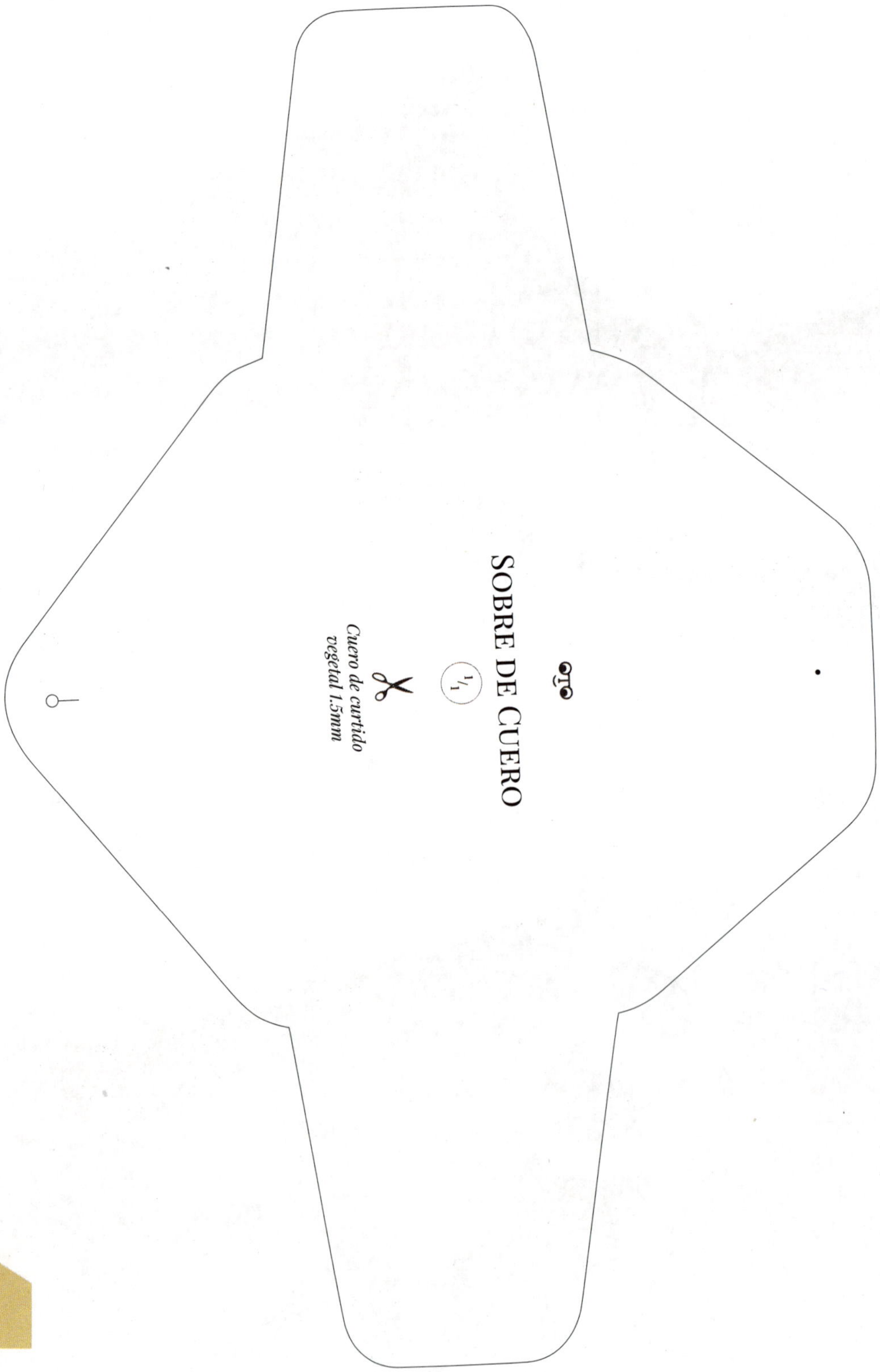

Ampliar a 159%

Anécdota

En Duduá impartimos talleres creativos todas las semanas, y esta cartera era uno de los proyectos que Daniel Levy enseñaba a hacer en su taller de miniaccesorios de piel. Desde 2007 organizamos semanalmente talleres de todo tipo de técnicas textiles, como tricot, bordado, tapiz, macramé, electrotextil o costura, y también otras técnicas artesanales como marmolado en papel, cestería, coronas de flores o kokedamas.

Ultra
Araldite
Standard
Ultra
Araldite
Standard
Part B

Collar de macramé

El nudo Josefina puedes usarlo en trabajos de macramé combinándolo con otros nudos, o elegir unas cuerdas de rayón bien vistosas y hacerte un collar que, aunque parezca de lo más complicado, se termina en un periquete.

Nivel: Principiante

Materiales

Celo o cinta de papel de arroz

Tijeras

Cordón trenzado de rayón

Alicates

Cierres y argollas metálicas

Pegamento dos componentes

Puntos utilizados

Nudo Josefina

Paso a paso

Dobla la primera cuerda por la mitad y sitúala en una superficie plana en forma de «e» acostada como te mostramos en la imagen.

Dobla la segunda cuerda por la mitad y colócala por debajo.

Pasa la segunda cuerda por arriba y por debajo de la primera cuerda.

Pasa la segunda cuerda por encima de la primera, por debajo de la segunda y, finalmente, por debajo la primera cuerda y ya tienes el nudo Josefina.

truco

Antes de cortar el cordón pon un trozo de celo para que no se deshaga y corta por la parte de la cinta adhesiva. De esta manera los extremos del cordón quedarán unidos con celo.

Tira del cordón con cuidado procurando dar buena forma al nudo. Es importante que los cordones queden planos y bien ordenados uno al lado del otro.

Prepara el pegamento de dos componentes siguiendo las instrucciones del fabricante y aplícalo con cuidado en los extremos.

Inmediatamente pon los cierres en forma de capuchón metálico y deja que el pegamento se seque.

Una vez pegados pon con los alicates una argolla en un capuchón y un cierre en el otro.

Jóvenes castores

Jirafa

Las jirafas son animales que siempre nos han fascinado y como no podemos tener una en casa hemos pensado en hacernos una en tamaño bolsillo.

Nivel: Avanzado

Materiales

Fieltro amarillo

Fieltro marrón

Hilos Mouliné amarillo, marrón y negro

Tijeras

Agujas de bordado

2 piezas de 50 cm de alambre

Fibra de relleno

Cuentas negras para los ojos

Cola blanca

Rotulador de bordado

Aguja de tricot

Puntos utilizados

Punto de festón

Punto lanzado

truco

- Para cortar las piezas pequeñas de fieltro puedes pegar con celo los patrones de papel al fieltro y cortarlo a la vez.
- Para introducir la fibra de relleno puedes utilizar la aguja de tricot.

Paso a paso

1

Marca las piezas con el rotulador azul y córtalas siguiendo el contorno.

2

Une con punto de festón usando dos hebras de hilo Mouliné los laterales a la pieza de la cabeza (la dirección de costura es del morro a la nuca) y los laterales a la pieza delantera del cuello hasta el punto B (la dirección de la costura es del morro al pecho). Es importante que todos los puntos A del morro del patrón queden juntos.

3

Une con punto de festón las dos piezas de las patas por la parte central. Cose esta pieza con punto de festón a la pieza anterior (la dirección de la costura es del pecho a los pies, arco de las piernas y de los pies a la parte trasera). Es importante que los puntos C queden juntos al unir las piezas.

4

Introduce la fibra de relleno y los alambres en las piernas.

Cierra el cuello con punto de festón y, a medida que vas bordando, ve añadiendo fibra de relleno poco a poco.

Une con punto de festón los círculos de las plantas de los pies a las patas.

Cose las dos orejas a la cabeza (doblándolas un poco por la mitad en la base). Cose las cuentas de los ojos. Une con punto de festón las dos piezas de cada cuerno, rellena ligeramente y cóselos a la cabeza.

Haz la cola y cósela a la parte trasera de la jirafa: Cose con punto festón la cola, doblándola por la mitad.

Rellena la cola y festonea la parte de arriba, sin doblar.

Coge el hilo marrón y haz unos bucles en el extremo de la cola.

Corta el bucle. Pon cola y dobla por la mitad los hilos del bucle (quedarán sujetos gracias a la cola blanca). Cose la cola al cuerpo de la jirafa.

Haz la crin: Cose el fieltro marrón al cuello.

Coge hilo marrón y cóselo a la crin formando bucles.

Corta los hilos por la mitad y pon cola.

Dobla por la mitad los hilos del bucle (quedarán sujetos gracias a la cola blanca). Recorta los hilos para que quede una crin uniforme.

Borda las manchas, el hocico y la boca de la jirafa usando dos hebras de hilo Mouliné.

Patrón

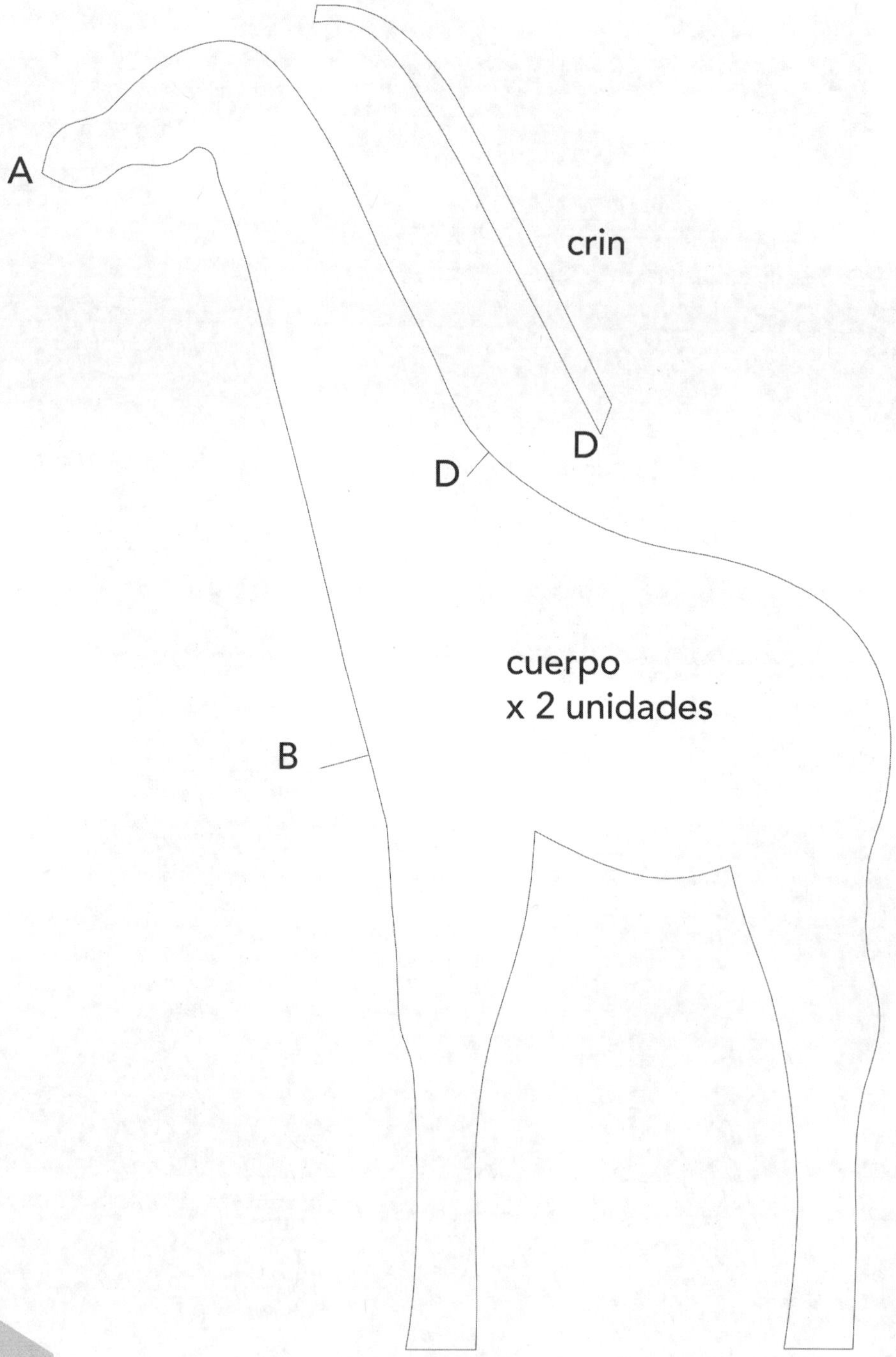

Ampliar a 137%

Patrón

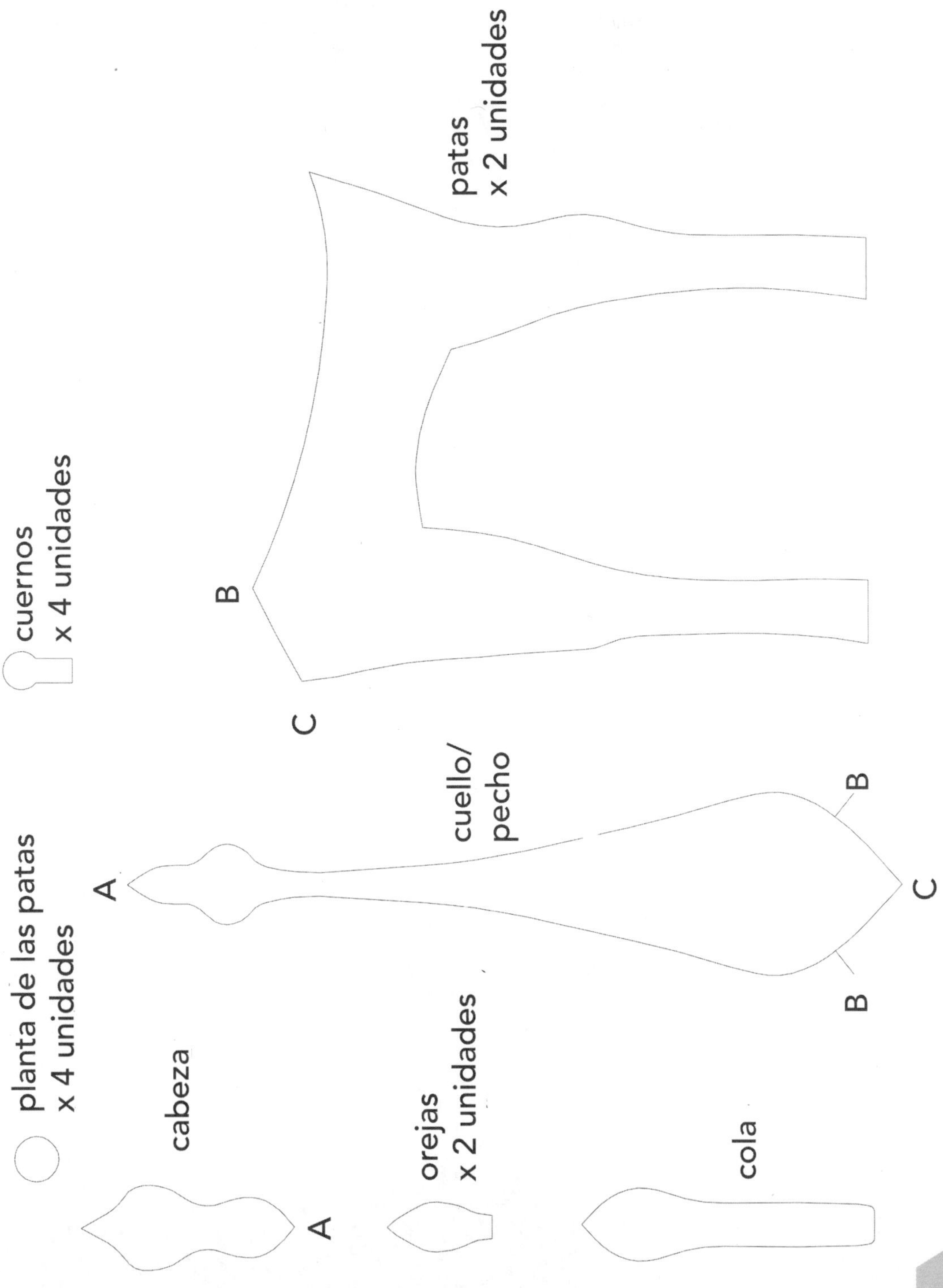

Ampliar a 136%

Mordedor

Este mordedor está pensado para niños de 0 a 2 años. Combina madera natural y ganchillo para que descubran nuevas texturas.

Nivel: Principiante

Materiales

Ganchillo del n.° 2,5
Ovillos Natura DMC (N75 Moss Green, N64 Prussian, N61 Crimson)
Tijeras
Aguja lanera
6 bolas de madera de 3 cm de diámetro perforadas
1 arandela de madera
Cola de ratón de 35 cm
Imperdible

Puntos utilizados

Círculo mágico
Punto bajo
Punto enano
Aumento de punto bajo
Disminución de punto bajo

Paso a paso

1

Empieza con un círculo mágico.

2

Teje 6 puntos bajos en el círculo mágico y cierra el círculo estirando del extremo del hilo.

3

Teje 4 vueltas más aumentando 6 puntos bajos en cada vuelta, siguiendo el patrón.

4

Teje 4 vueltas más sin aumentar, haciendo un punto en cada punto. Introduce la bola de madera.

5

Con la bola de madera dentro teje 4 vueltas más disminuyendo 6 puntos en cada vuelta, siguiendo el patrón.

6

Cierra con punto enano y remata el hilo con la aguja lanera.

7

Haz dos bolas más combinando diferentes colores. Une las tres bolas tejidas y tres bolas de madera más con la cola de ratón. Introduce la arandela y haz un nudo.

truco

Utiliza un ganchillo más pequeño que el que indica la etiqueta del ovillo para que el tejido quede más apretado y sin agujeros.

F
E
B

Patrón

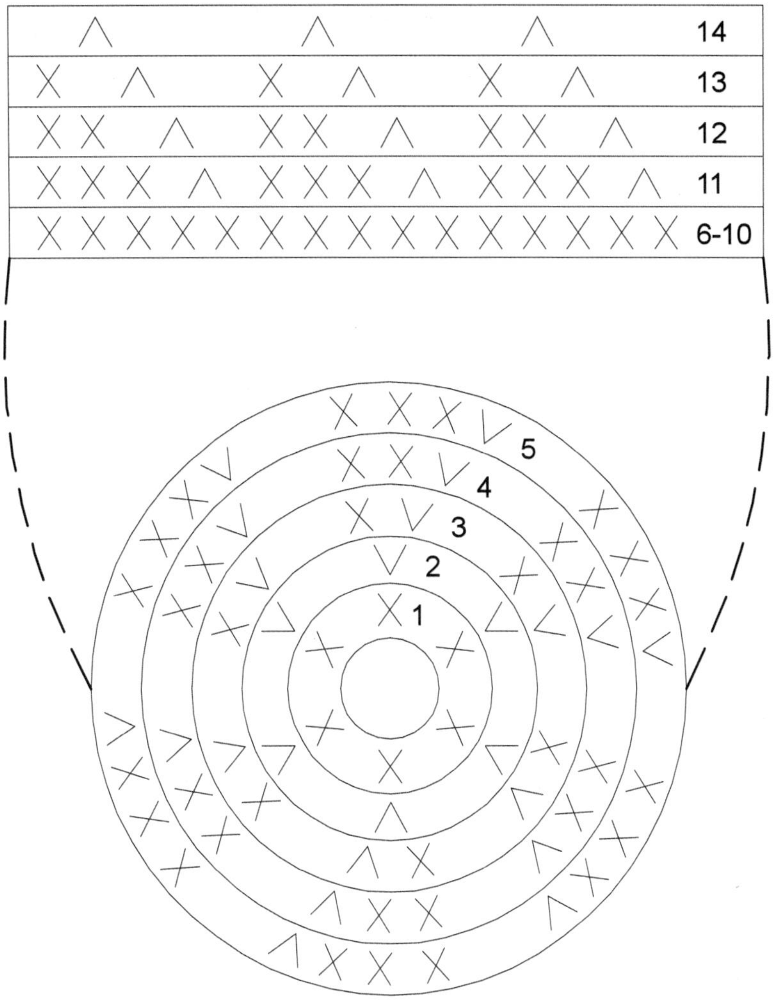

Puntos utilizados

Círculo mágico	◯
Cadeneta	⬭
Punto bajo	✕
Aumento de punto bajo	V
Reducción de punto bajo	Λ

WORX
30

Lámpara de punto de cruz

Se puede bordar sobre cualquier superficie perforada, así que hemos hecho unas lámparas personalizables en punto de cruz. Un proyecto en el que tus hijos pueden colaborar bordando sus dibujos favoritos.

Nivel: Intermedio

Materiales

1 pieza de 25 x 25 cm de madera de 4 mm de grosor
1 pieza de 15 x 15 cm de madera de 4 mm de grosor
Lanas Colbert DMC de diferentes colores
Lápiz
Regla
Aguja de bordado de tapicería
Destornillador
Taladro
Cola blanca
20 cm de listón de madera de 10 x 5 mm
Papel de lija
Broca de 3 mm
Broca de 1 cm
Broca de 3 cm
Cúter
Portalámparas con cable, enchufe e interruptor

Puntos utilizados

Punto de cruz

idea

Puedes pintar la pantalla de la lámpara del color que más te guste para conseguir acabados diferentes. Para estos casos te recomendamos que utilices madera tipo DM y pintura en espray.

Paso a paso

En la pieza de madera de 25 x 25 cm marca líneas de puntos separados 1 cm entre sí y perfora con el taladro usando la broca de 3 mm (es importante usar una aguja lanera que pase por este agujero).

Lija la pantalla usando el papel de lija.

Borda la madera siguiendo el diagrama.

Corta los listones y la pieza de madera de 15 x 15 cm siguiendo el esquema.

5

Marca con el lápiz los puntos de perforación que servirán para poder colgar la lámpara a la pared y para encajar el portalámparas.

6

Perfora las maderas marcadas con las brocas de 1 cm (en la pieza para colgar la lámpara) y de 3 cm (en la pieza para sujetar el portalámparas; *es importante revisar que tu portalámparas sea de este diámetro, sólo tienes que aumentar o reducir el diámetro para que encaje a la perfección).

7

Encola los trozos de listones cortados para reforzar el portalámparas.

8

Une y encola las piezas del soporte del portalámparas.

9

Monta el portalámparas, el interruptor y el enchufe e introdúcelo en la pieza de madera.

10

Encola el soporte del portalámparas a la pantalla procurando que la cola no salga por los agujeros *(puedes dejarlo secar con unos libros encima para hacer más fuerza).

Patrón

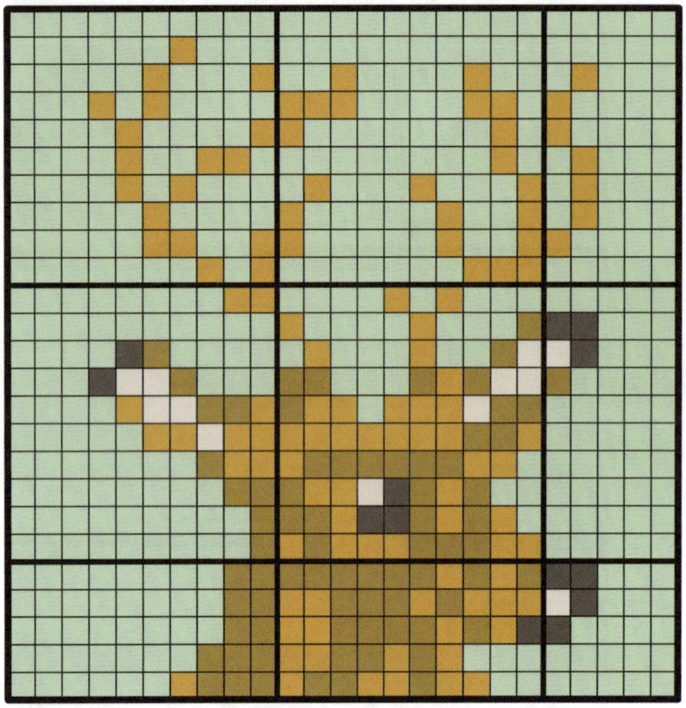

7954
NOIR
7459
7457
7618

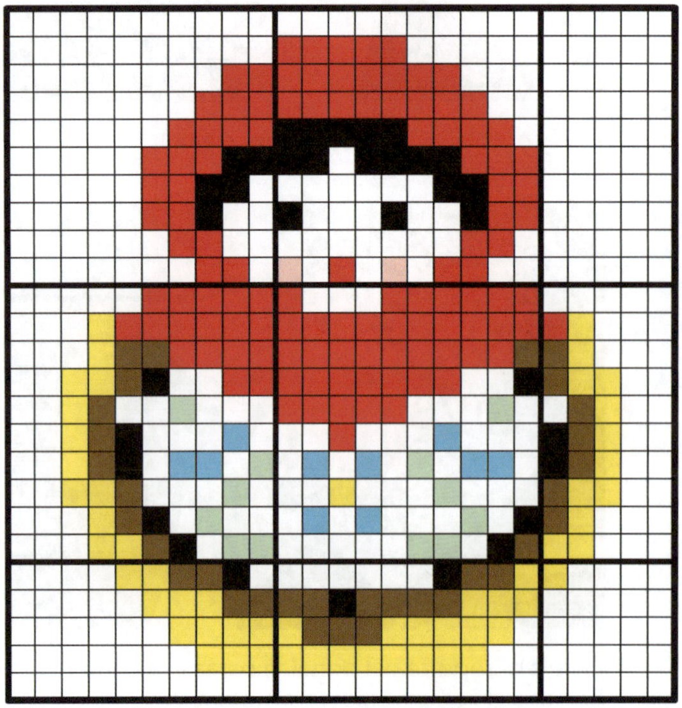

7971
NOIR
BLANC
7459
7958

Patrón portalámparas

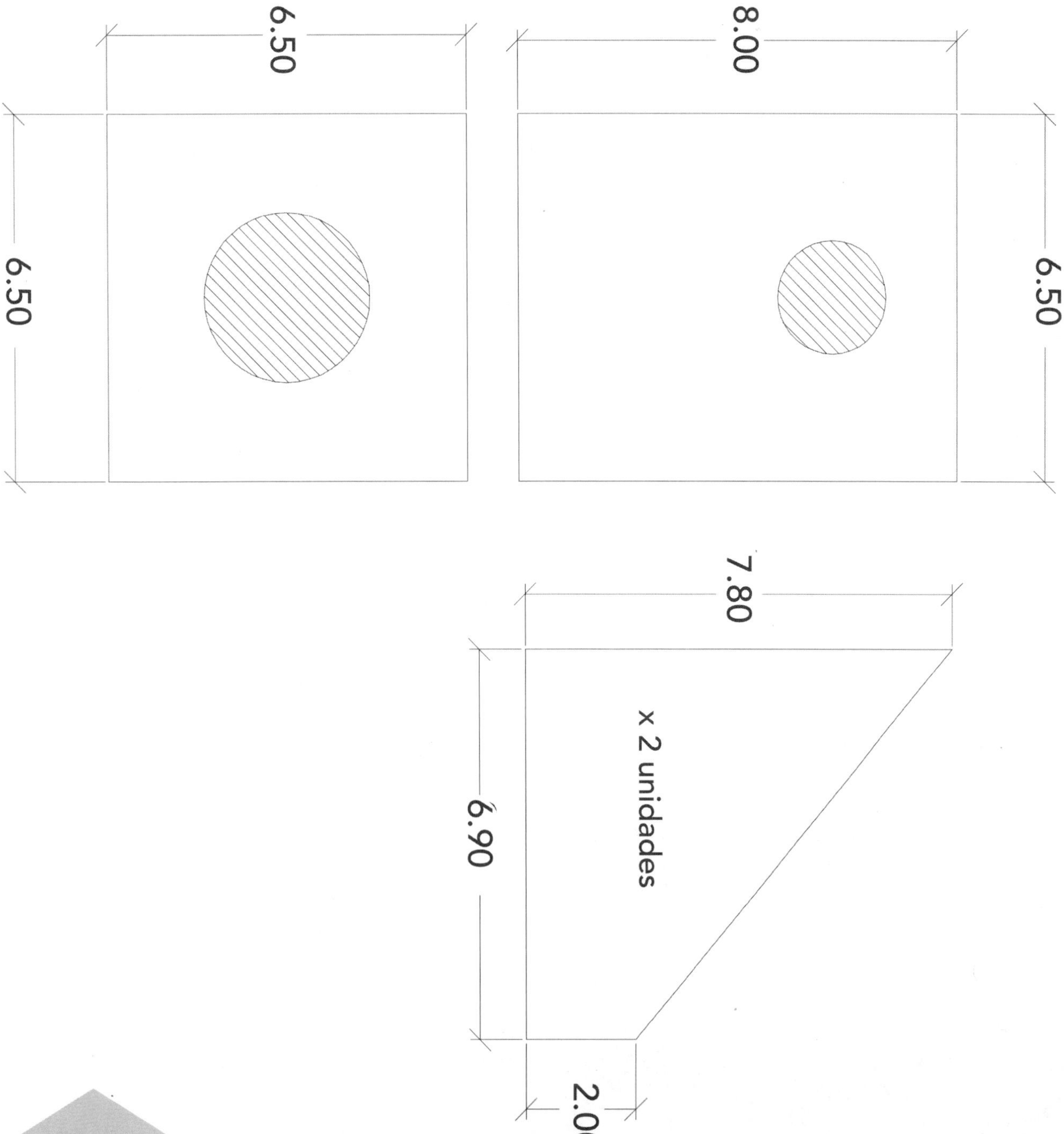

Ampliar a 115%

Anécdota

El punto de cruz habitualmente se aplica en pequeño formato, pero cuando bordamos en formatos XL se pueden hacer grandes proyectos, como el que hicimos con Núria Brunet a finales del 2012 para la campaña de Navidad del Ayuntamiento de Mataró, diseñada por la agencia Evil Love.

Con grandes tableros perforados bordamos en punto de cruz los carteles que luego estuvieron repartidos por la ciudad. Una campaña hecha a mano y con mucho amor.

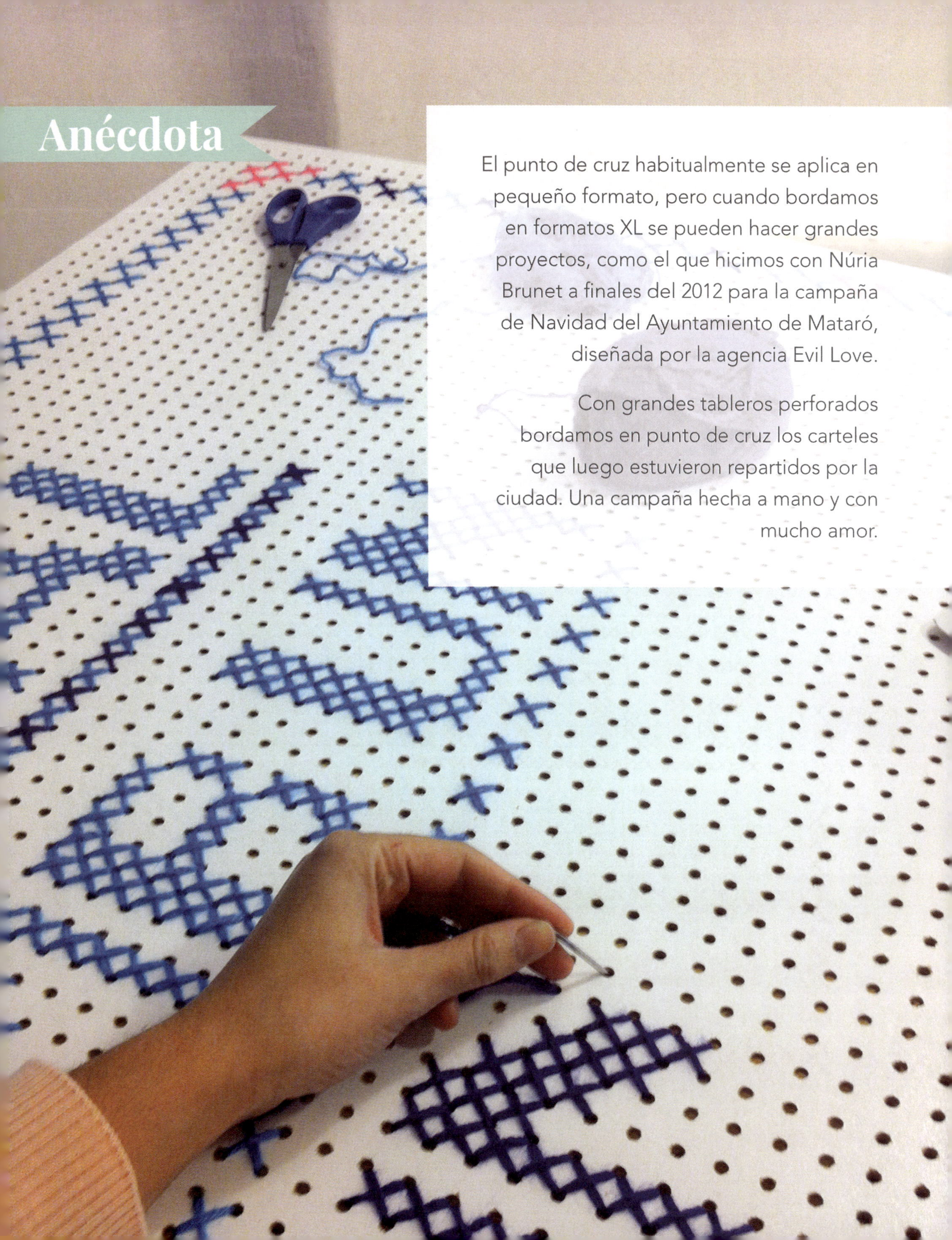

AQUEST
NADAL,
CADA
PUNT
SUMA.
2€
Comprant el vostre banderí solidari guarnireu Mataró i fareu arribar el Nadal on més es necessita.
Més informació:
www.mataro.cat/nadalapunt
facebook
twitter
Ajuntament de Mataró
Mataró, ciutat mediterrània
Diputació Barcelona

NADAL
AMB UN
PUNT
SOLIDARI.
2€
Comprant el vostre banderí solidari guarnireu Mataró i fareu arribar el Nadal on més es necessita.
Més informació:
www.mataro.cat/nadalapunt
facebook
Ajuntament de Mataró
Trobamataro
twitter
@matarocat
@trobamataro
#nadalapunt
www.mataro.cat/nadalapunt
Ajuntament de Mataró
Mataró, ciutat mediterrània
Diputació Barcelona

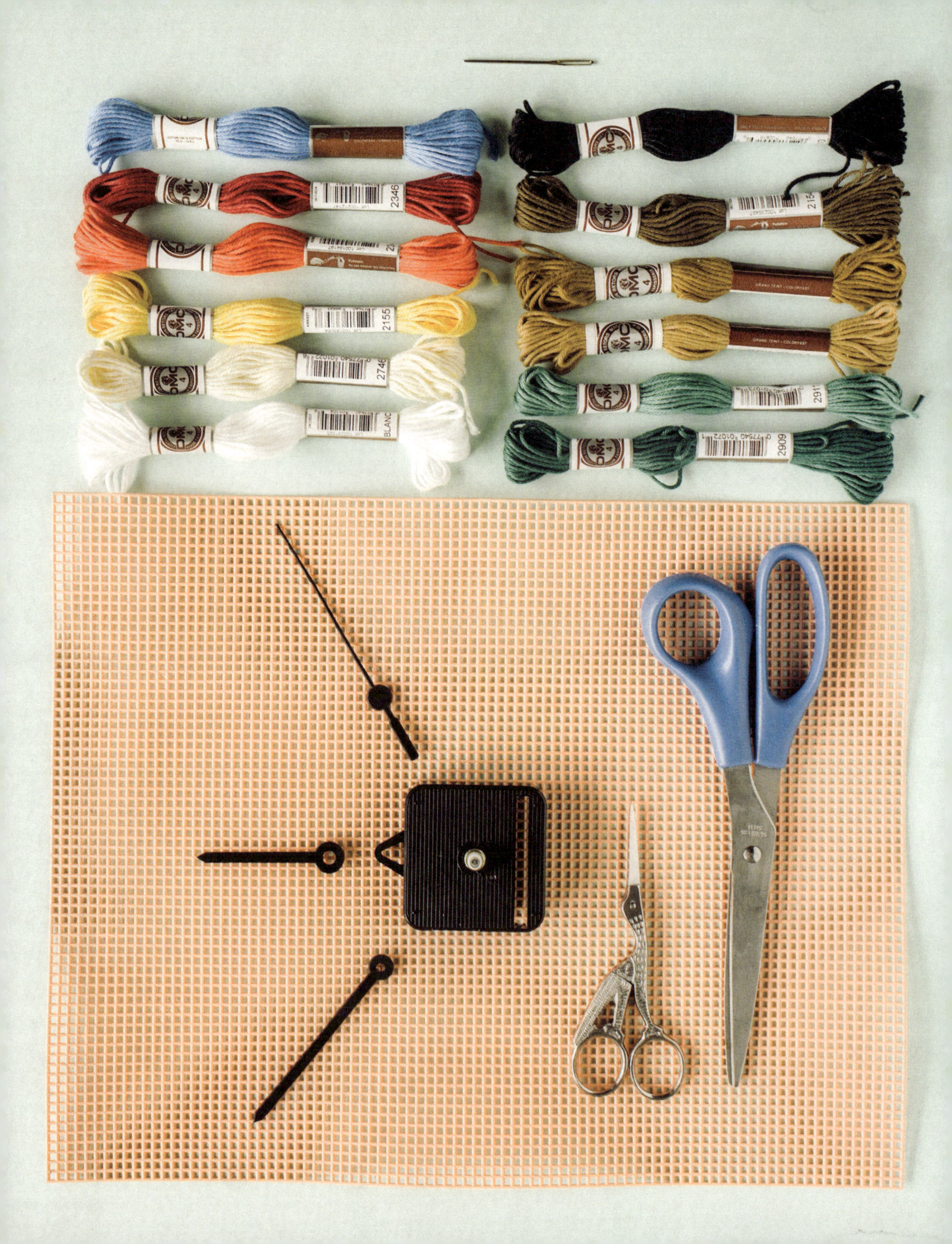
2346
2155
2746
BLANC
2909

Reloj de cuco

A principios de los noventa la tapicería en tres dimensiones se puso muy de moda en Estados Unidos y había multitud de revistas y kits con infinidad de proyectos de lo más bizarro. Las niñas se hacían el mobiliario de las muñecas Barbie con tapicería, desde un piano de cola hasta el salón de belleza. Con este reloj de cuco hemos querido recuperar esta técnica olvidada para darle una segunda vida a la tapicería.

Nivel: Intermedio

Materiales

Hojas plásticas perforadas de 27 x 34 cm (también llamadas plastic canvas)
Tijeras
Maquinaria reloj
Hilo tapicería algodón
Retors DMC
Aguja de bordado de tapicería

Puntos utilizados

Medio punto

Paso a paso

Borda las piezas en medio punto siguiendo el diagrama.

Recorta las piezas dejando un margen de un punto vacío.

Fíjate en la numeración de cada pieza para el posterior montaje.

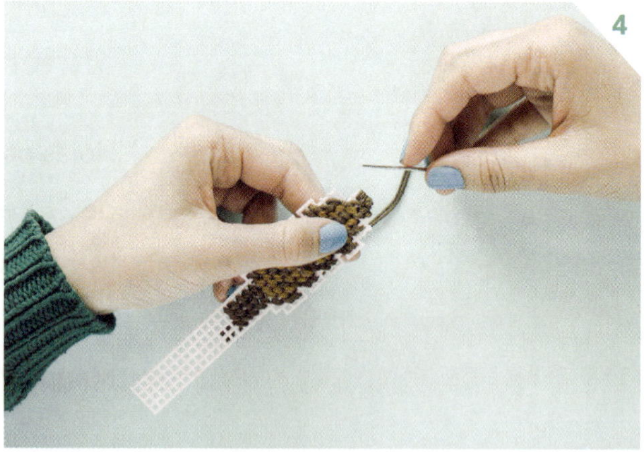

Borda el margen de las piezas 9 y 10 por completo. Haz dos pasadas por cada agujero de manera que el *plastic canvas* quede completamente cubierto. Ten cuidado con las esquinas, a veces necesitan un punto extra. Esta es una operación delicada que necesita toda tu atención. El balcón (pieza 6) también hay que bordarlo por completo excepto la parte inferior de la base, que se unirá a la pieza 7.

Haz un agujero central de 4 puntos (o el tamaño de tu maquinaria) en la pieza 5 y coloca las agujas por la parte frontal y la maquinaria por la parte interior.

Une las piezas siguiendo el esquema. Haz dos pasadas por agujero.

Las piezas 9 y 10 se unen a la base del reloj haciendo varias pasadas con la misma aguja lanera.

truco

Usa siempre doble hebra. El objetivo es tapar completamente el plástico de manera que nunca se vea.

Patrón

Esquema para unir las piezas del cuco

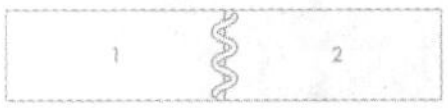

Unir los dos tejados

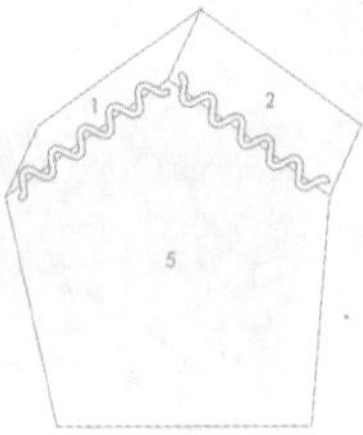

Unir el tejado a la casa

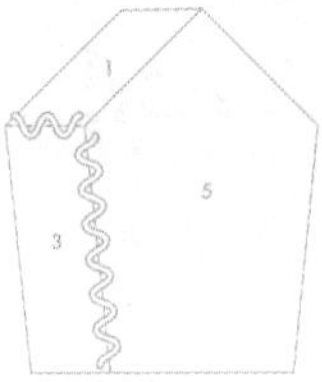

Unir las paredes laterales con el tejado

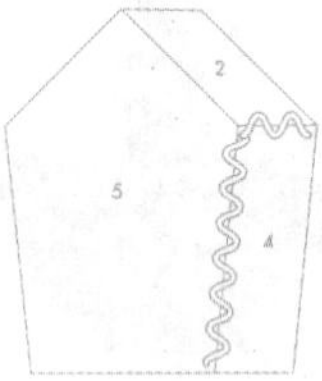

Unir la pared lateral con las piezas 4 y 5

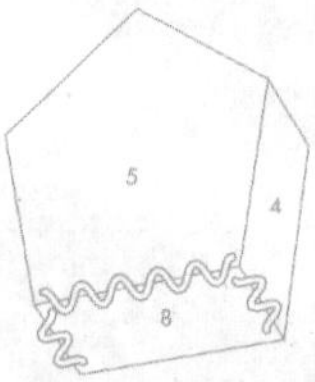

Unir las piezas 6 y 7 en un ángulo de 90°para hacer el balcón

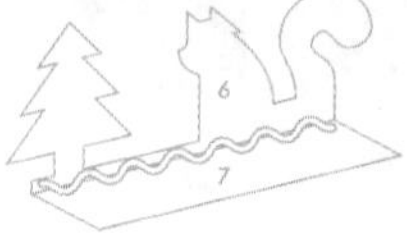

Unir la pieza 8 (fondo) con las piezas 5, 3 y 4

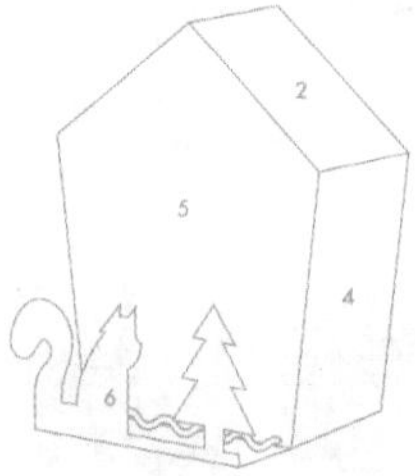

Unir la pieza 7 con la 8 para añadir el balcón a la casa.

Unir las piezas 9 y 10 a la 8, como se indica en la foto 7

Blanc
2746
2346
2310
2155
2767
2151
2154
2995
2911
2909

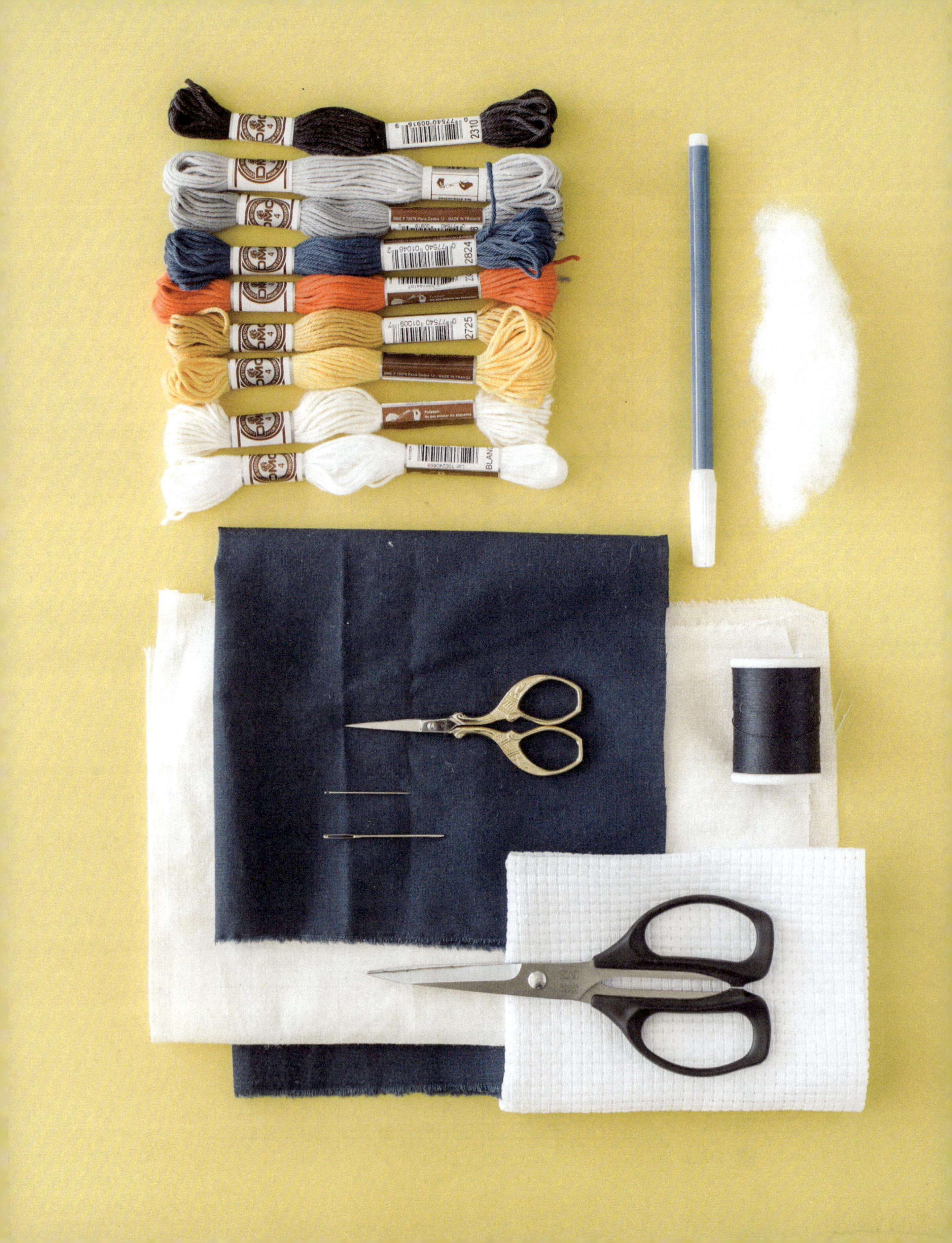
2310
2824
2725
BLANC

Muñeco de punto de cruz

Hemos elegido este dúo inseparable para hacer unos cojines de punto de cruz con lana. ¡Que la fuerza te acompañe!

Nivel: Principiante

Materiales

Algodón Retors DMC
Aguja de bordado de tapicería
Tijeras
Aguja de coser
Alfileres
Tela de algodón de color 25 x 35 cm (tela trasera)
Tela de algodón tipo cottonet de 25 x 35 cm (entretela)
Tela de punto de cruz XL de 25 x 35 cm
Rotulador de bordado
Fibra de relleno
Hilo de coser

Puntos utilizados

Punto de cruz
Punto atrás
Punto de nudo

Paso a paso

Borda con punto de cruz las diagonales de izquierda a derecha siguiendo el patrón.

Borda con punto de cruz las diagonales de derecha a izquierda volviendo hacia atrás. De esta manera se crearán las cruces.

Recorta la tela dejando un margen de 3 cm respecto al bordado.

Recorta, a la misma medida que la pieza bordada, la tela trasera de color y la tela de algodón (que servirá para ponerla de entretela y que la fibra de relleno no salga por los agujeritos de la tela de punto de cruz). Con la máquina de coser haz un zigzag alrededor de cada pieza de tela para evitar que se deshilachen.

5

Encara la tela bordada y la trasera derecho con derecho (poniendo la tela de algodón debajo de la trasera) y cose alrededor a 1 cm de margen dejando una abertura sin coser.

6

Gira la pieza cosida, rellénala con fibra y cose a mano la abertura que has dejado para poder girar la pieza.

Patrón

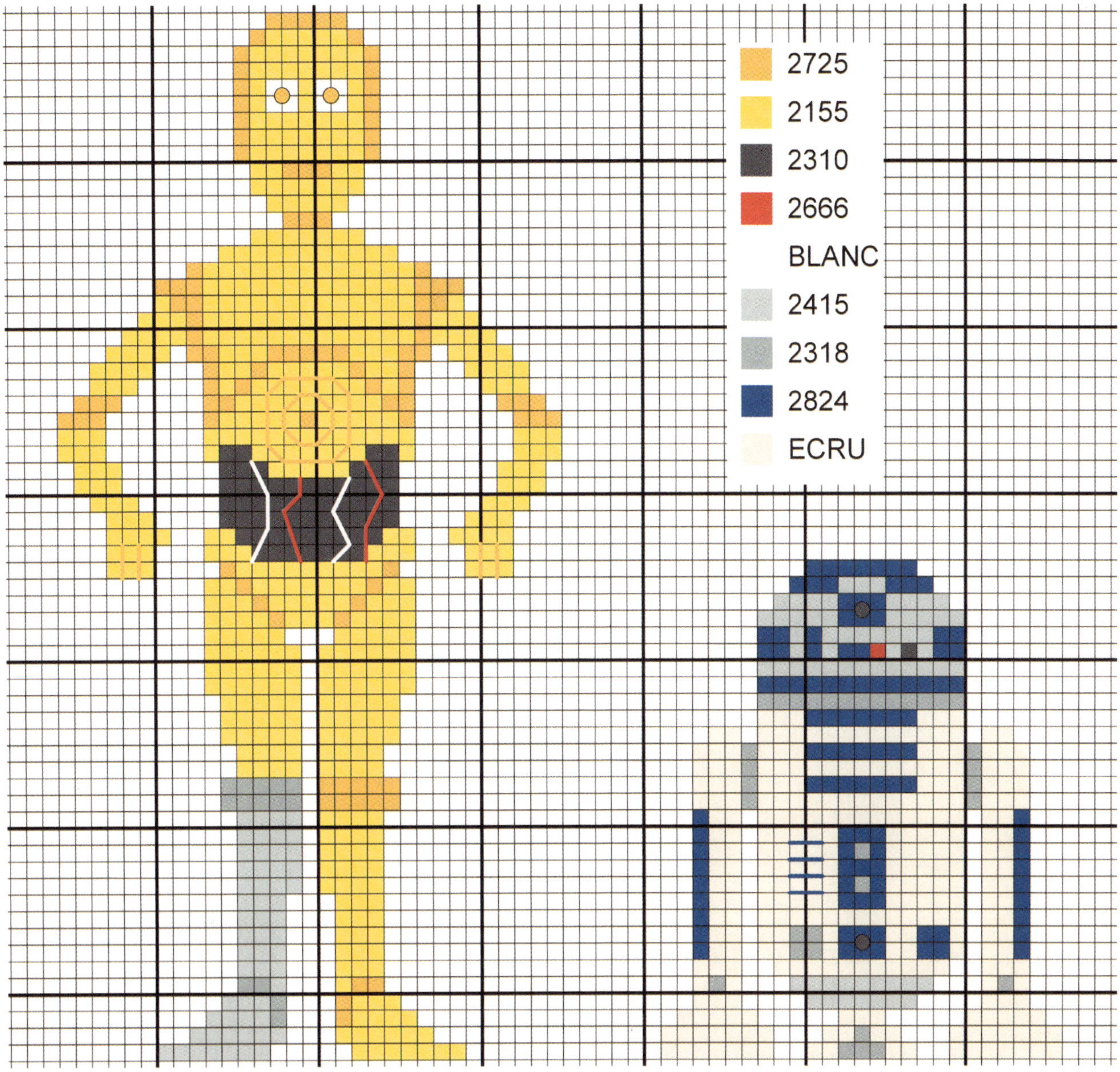

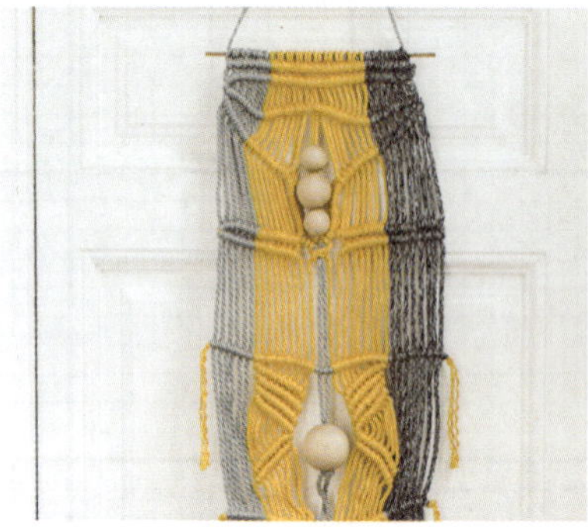

Be Nice
or leave

Caprichos

Macetero de macramé

Hemos renovado este colgador de plantas típico de los setenta dándole un toque de color. Cuelga las plantas o úsalo para poner frutas en un bol de cristal.

Nivel: Principiante

Materiales

Cuerda de algodón
Cinta adhesiva de papel o celo
Tijeras
Cinta métrica
Aro madera o metal de 4 cm
Cuentas de madera

Puntos utilizados

Ligadura
Nudo cuadrado
Nudo plano

truco

- Trabaja aguantando la anilla en un soporte elevado de manera que las cuerdas cuelguen hacia el suelo y queden en tensión.
- Puedes usar cuerda blanca y tintarla con tinte para textiles.

Paso a paso

Corta 8 cuerdas de 3,5 m de largo y pon celo en las puntas.

Pasa las cuerdas por la anilla y deja la anilla justo en la mitad de las cuerdas; así tendrás 16 extremos con los que trabajar.

Haz el nudo de ligadura para empezar. Coge otra cuerda de unos 50 cm y colócala encima del grupo de 16 cuerdas en forma de bucle.

Enrolla la cuerda alrededor de las 16 cuerdas y del bucle, de abajo hacia arriba. Cuando acabes pasa el extremo por el interior del bucle.

Estira con cuidado el extremo inferior del bucle de manera que el extremo de arriba se esconda por dentro del nudo.

Haz el nudo cuadrado (consulta la guía de nudos) en 4 grupos de 4 cabos de cuerda.

Haz un nudo plano a 9 cm del nudo cuadrado e introduce las cuentas de madera en los dos cabos del medio.

Haz una columna hacia la derecha de 8 nudos planos.

Con dos cabos de cada columna haz un nudo plano a 12 cm.

Repite el nudo de ligadura, corta la cuerda a la medida que quieras y deshiláchala para hacer el flequillo final.

Patrón

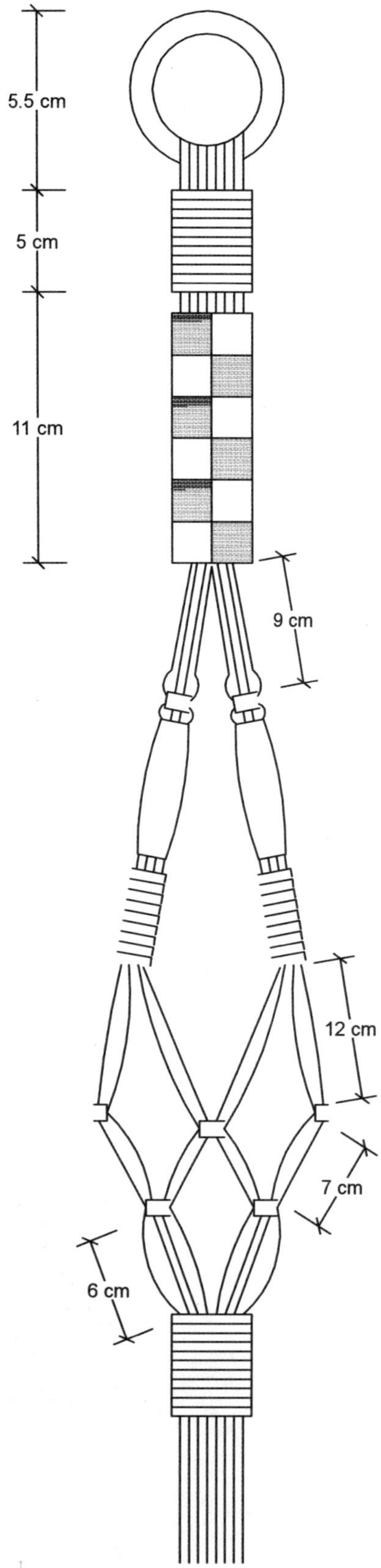

Puntos utilizados

Ligadura

Nudo cuadrado

Nudo plano

Columna hacia la derecha

Anécdota

Con macramé se pueden hacer infinidad de proyectos de decoración. Por ejemplo, en 2012 trabajamos con la interiorista Sonia Soms realizando la decoración del stand Adidas del Sónar, el Festival Internacional de Música Avanzada de Barcelona.

Con miles de metros de cuerda realizamos lámparas y mallas decorativas con macramé que iban por todo el techo de la carpa. La gente podía relajarse en uno de los varios pufs de ganchillo XL hechos con cuerda o apoyarse en el gran arcoíris textil que presidía el stand.

Tapete peludo

Una alfombra es algo muy común, pero seguramente nunca te has parado a pensar cómo se fabrican. Esta técnica es muy antigua y sencilla pero de lo más resultona. Esta es la versión tapete de una alfombra peluda.

Nivel: Principiante

Materiales

Cañamazo

Ovillos de lana

Tijeras

Gancho de alfombra

Rotuladores

Puntos utilizados

Punto de nudo de alfombra

Paso a paso

Imprime tu diseño en una hoja y marca los colores.

Coloca el papel debajo y calca con los rotuladores en el cañamazo.

Corta hilos de 5 cm (pueden ser más largos pero no más cortos).

Recorta el cañamazo siguiendo el patrón de tu diseño y añadiendo 2 cm de margen, que servirán como dobladillo.

truco

En los dobladillos el gancho coge el cañamazo superior e inferior y de esta manera todo el perímetro queda asegurado. Ten cuidado en las esquinas, puedes usar un poco de hilo transparente una vez terminado para asegurarlas.

5

Con el gancho de alfombra empieza a hacer los nudos en líneas de abajo hacia arriba.

6

Una vez terminado, corta los hilos a la altura que quieras.

idea

Personalízala con tus diseños: inténtalo en formato grande como alfombra, tapiz o cojín.

Alfombra XL

Hace unos años el ganchillo era fino, fino y se trabajaba con lanas o algodones. Un día Gloria Fontseca fabricó unos ganchillos de madera enormes en Mallorca y nos pusimos a tejer cestos y alfombras gigantes. Desde entonces nada ha sido lo mismo...

Nivel: Intermedio

Materiales

2 bobinas de cuerda

de algodón

Ganchillo XL de Crochetismos,

de Gloria Fontseca

Tijeras

Cinta adhesiva de papel y celo

Puntos utilizados

Círculo mágico

Punto bajo

Punto alto

Cadeneta

Punto enano

Paso a paso

Pon cinta adhesiva en los extremos de la cuerda para evitar que se deshilache.

Haz un círculo mágico. Coge el ganchillo con toda la mano y con el gancho hacia ti.

Teje la primera vuelta siguiendo el patrón.

Estira el extremo de la cuerda y cierra el círculo mágico. Cierra la vuelta con un punto enano.

5

Teje las siguientes vueltas siguiendo el patrón.

truco

Pon la bobina de cuerda en el suelo para trabajar, te será más fácil y se te enrollará menos.

6

Usa las manos para rematar los hilos.

idea

Al acabar de tejer la alfombra puedes estirarla ligeramente; la cuerda de algodón cede un poco, y así tendrá una forma más bonita.

Patrón

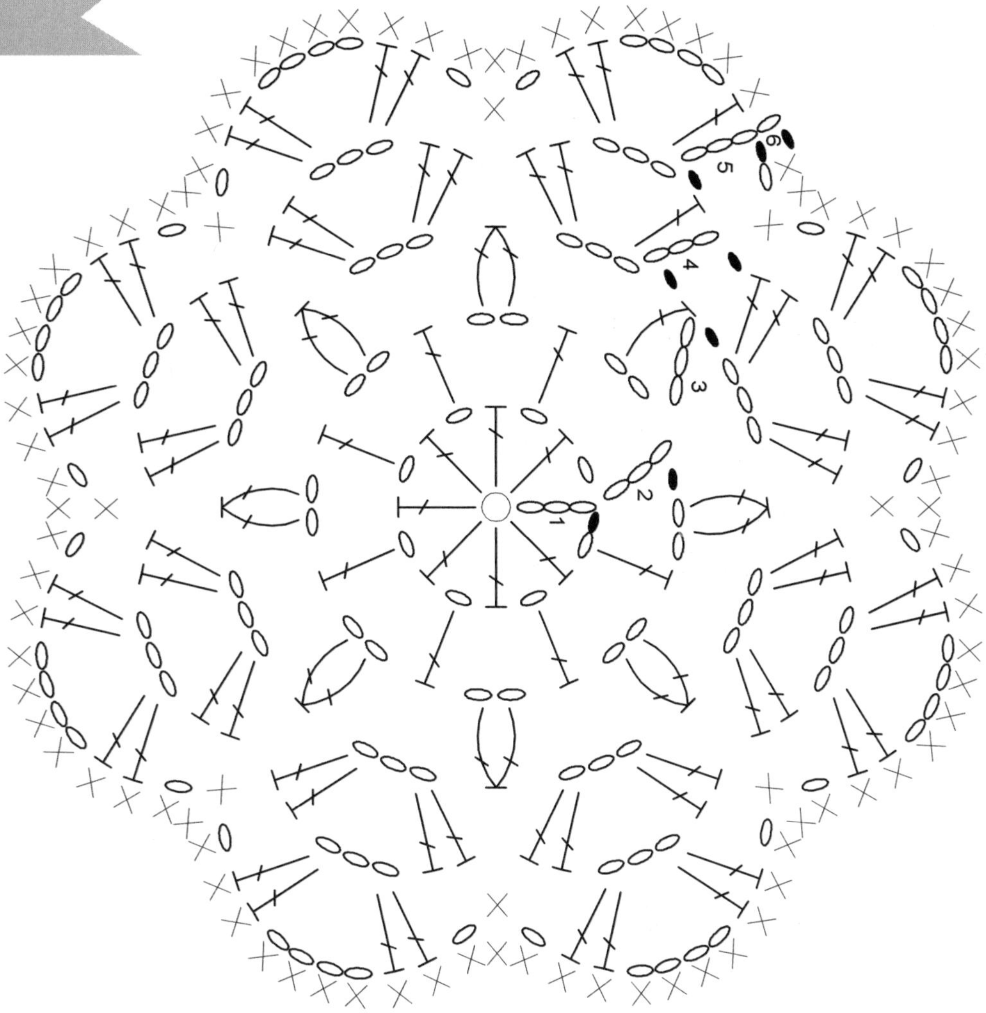

Puntos utilizados

Círculo mágico

Cadeneta

Punto enano

Punto bajo

Punto alto

2 puntos altos cerrados juntos

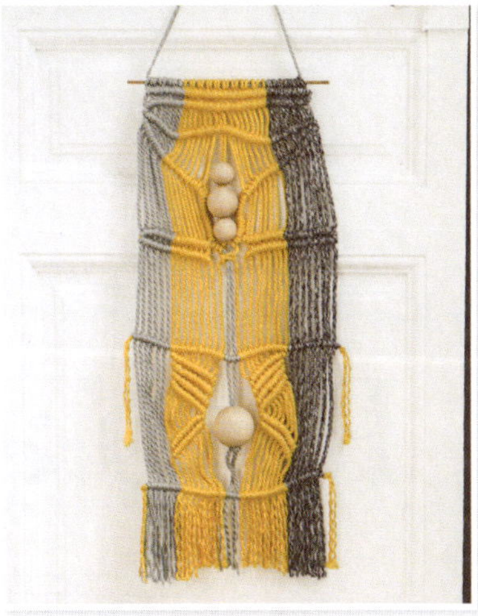

Tapiz de macramé

El macramé es una técnica muy sencilla que te permite hacer miles de diseños con unos pocos nudos. Sólo hay que combinarlos con gracia y *¡voilá!*

Nivel: Intermedio

Materiales

Cinta métrica

Sargentos de metal

Cuerdas de algodón

Tijeras

Celo o cinta adhesiva de papel

Bolas de madera de varios tamaños

Barra de madera o bambú

Puntos utilizados

Nudo de montaje

Nudo de festón

Baqueta horizontal

Baqueta en diagonal

Paso a paso

Corta 17 cuerdas de 4,50 m de largo para hacer un tapiz de 75 cm y pon celo en los extremos. Dóblalas por la mitad y colócalas en la barra de madera. Para empezar siempre usamos el nudo de montaje.

Usando como guía la primera cuerda de la izquierda haz baquetas en horizontal con el nudo de festón.

Siguiendo el diagrama, haz una baqueta horizontal con nudos de festón hasta llegar al extremo del lado derecho. Ten en cuenta que los nudos tienen que quedar regulares.

Las baquetas en diagonal se realizan de la misma forma, pero la cuerda guía está en posición diagonal.

truco

Trabaja aguantando la anilla en un soporte elevado de manera que las cuerdas cuelguen hacia el suelo y queden en tensión.

Las cuerdas siempre tienen que estar tensas. Ve con cuidado cuando hagas baquetas diagonales para que siempre haya la misma tensión en todas las cuerdas.

Puedes añadir una baqueta horizontal siempre que quieras. Para ello usa un trozo de cuerda nueva que cruza en horizontal de lado a lado y sujétala con sargentos a los extremos de la mesa de trabajo.

Cuando hayas acabado el tapiz corta el flequillo hasta la longitud deseada y deshilacha la cuerda.

idea

Puedes usar cuerda blanca y tintarla con tinte para textiles.

Patrón

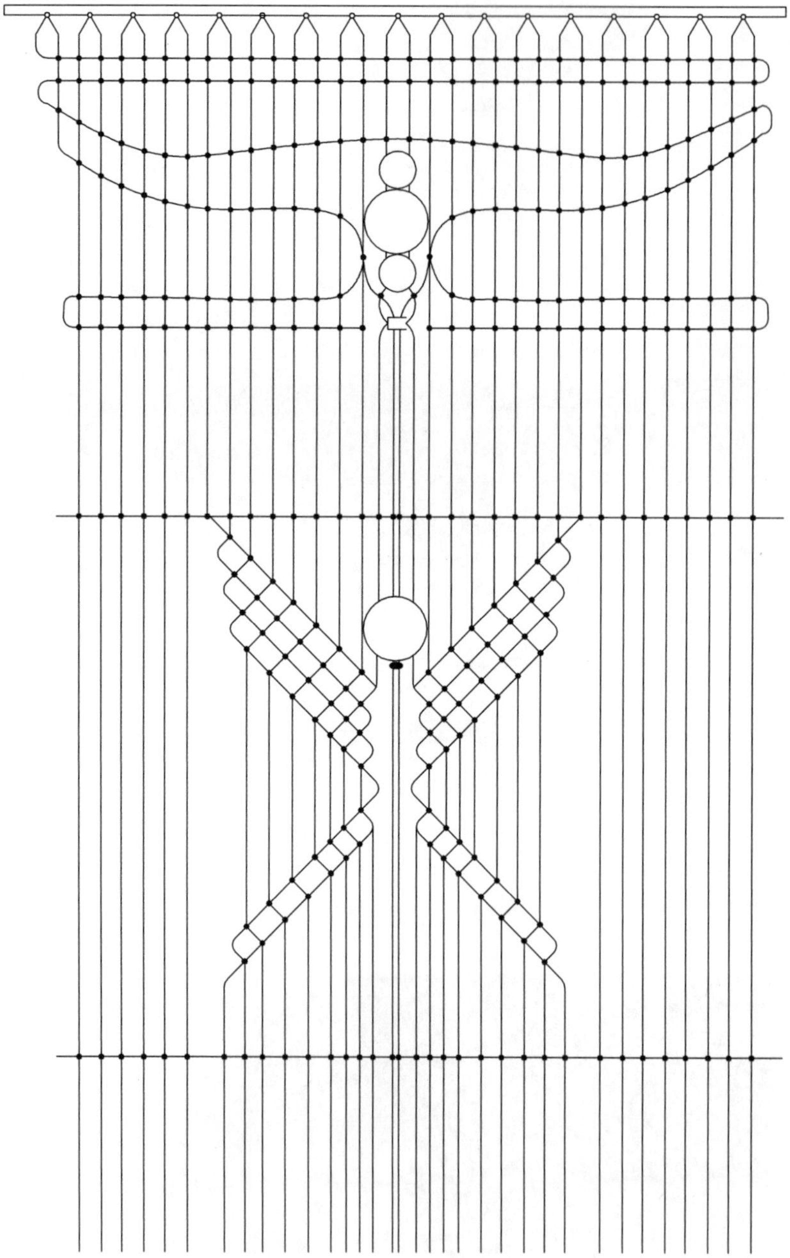

Puntos utilizados

Nudo

Nudo de montaje

Nudo plano

Baqueta horizontal

Baqueta diagonal

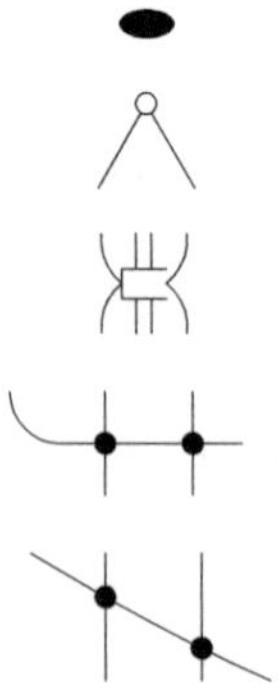

Anécdota

El búho de macramé es una especie en peligro de extinción y por esta razón Annie Zalezsak, junto con varias adeptas más, han creado una asociación para salvarlo llamada Macramé Owl Sanctuary. En la década de los setenta esta especie vivió su mejor momento, pero ahora cada vez quedan menos ejemplares. Están construyendo un santuario, ya que según ellos un búho es símbolo de paz y armonía en cualquier hogar. Hay que decir que algunos son más agraciados que otros ¡pero desde Duduá apoyamos la causa! (http://macrameowl.com).

Macramé OWL™
nothing is too silly

Banderola Jacquard

La técnica del jacquard tradicionalmente se usa para tejer cenefas en los jerséis. Pero cualquier dibujo pixelado se puede tejer siguiendo el diagrama. Te proponemos hacer una banderola con tricot XL y cuerda.

Nivel: Principiante

Materiales

Cuerda de dos colores

Agujas de tricot del n.° 10

Tijeras

Puntos utilizados

Derecho

Revés

Paso a paso

Monta 49 puntos.

Haz las dos primeras pasadas con punto del derecho. Los dos primeros puntos y los dos últimos de cada pasada son también con punto del derecho para que la banderola no se enrolle sobre sí misma.

Para cambiar de color haz el punto y coge la lazada siguiente del color contrario.

Haz los puntos necesarios siguiendo el diagrama y deja suficiente hilo por detrás para que no se arrugue.

idea

También puedes probar esta técnica con cuerda para hacer felpudos.

5

Haz las dos últimas pasadas con punto del derecho y cierra los puntos. Plancha con vapor sin tocar el tejido para que quede bien plano.

truco

Empieza a tejer siguiendo el diagrama por la parte inferior derecha. Deja las bobinas de cuerda en el suelo mientras trabajas. Al finalizar cuélgalo de una barra de madera y hazle dos borlas con la misma cuerda.

Be Nice
or leave

Patrón

Aguja mágica

Esta aguja nos permite crear varias clases de bordado, pero se caracteriza por el tridimensional, ya que la aguja, al ser hueca, permite que el hilo pase por su interior dejándolo salir a través de la tela y de esta manera crea volumen, como si fuese una toalla o un peluche. Se puede trabajar tanto usando el lado de rizo como el lado de bordado normal. A este tipo de bordado también se le conoce como bordado ruso o chino. En las mercerías podéis encontrar muchos tipos de agujas de varios tamaños y colores.

Nivel: Principiante

Materiales

Bastidor de bordado

Aguja mágica

Tijeras

Ovillos de Perlé del n.° 8

Agujas de bordar

Rotulador de bordado

Cuentas

Hilo

truco

Puedes jugar con el bucle del rizo dejándolo más largo o más corto según si introduces más o menos la aguja en el tejido.

Paso a paso

Calca el dibujo en el derecho y el revés de la tela. Ten en cuenta que al calcar el dibujo derecho y revés tienen que coincidir. Coloca la tela bien tensa en el bastidor de manera que el revés de la tela y del dibujo queden mirando hacia ti.

Borda la bola de helado con la aguja mágica perpendicular a la tela. De esta manera la parte del bordado con el rizo quedará en el revés del bastidor, que luego se girará y será el derecho del bordado. Borda desde fuera hacia dentro, es decir, primero el contorno del diseño y después hacia dentro.

Saca la tela del bastidor, dale la vuelta y vuelve a ponerla en el bastidor. Borda con punto atrás el cucurucho del helado. Es importante ir tensando la tela en el bastidor cada cierto tiempo, ya que con la presión de la aguja se va aflojando.

Borda las cuentas.

Patrón

Este diseño está basado en
una ilustración de Miju Lee

Anécdota

Conocimos a Laura Ameba porque era una clienta habitual de Duduá y siempre venía con su aguja y se ponía a bordar pinchando la tela sin parar. En 2010 la convencimos para que hiciera un taller en Duduá para enseñar bordado con esa particular aguja que un día descubrió paseando por las calles de su Santiago de Chile natal. Esta aguja la fabrica artesanalmente la señora Wassa, una rusa que emigró hace muchos años a Chile y que todos los días se coloca en la calle, frente a una mercería, y la vende a la gente que pasa mientras borda flores sin parar.

Después del primer taller el éxito fue inmediato y pasamos a realizar talleres mensualmente. Incluso organizamos una exposición colectiva para celebrar los más de cien alumnos que habían pasado por el taller ¡y a estas alturas seguro que son más de mil!

Guía de puntos

ganchillo

Punto de cadeneta

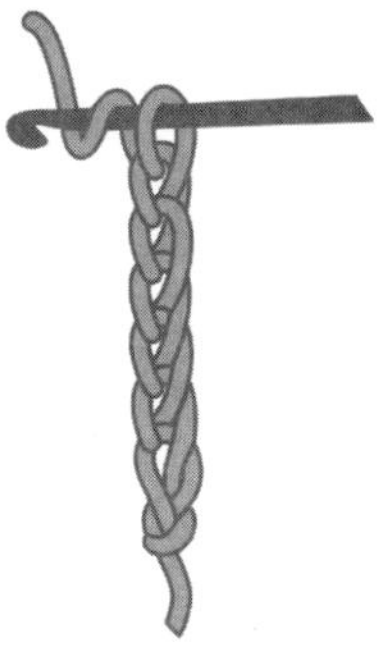

Punto enano

Círculo mágico

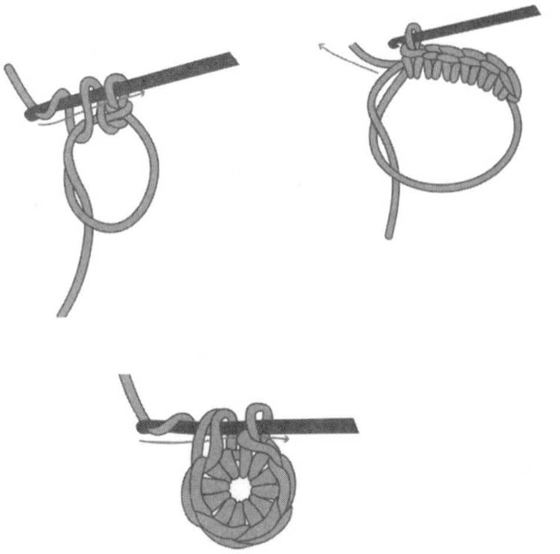

Punto bajo

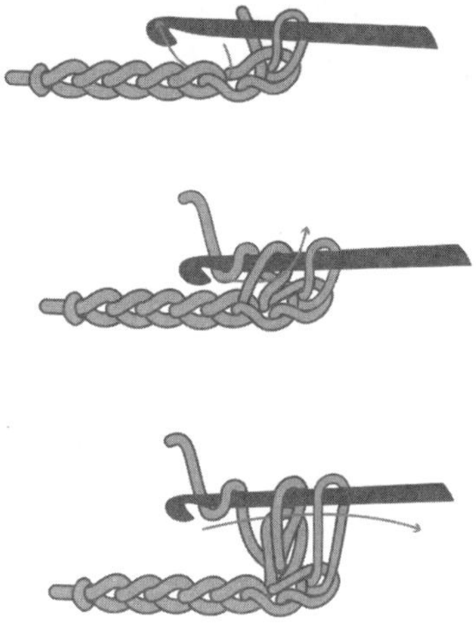

Punto bajo en relieve

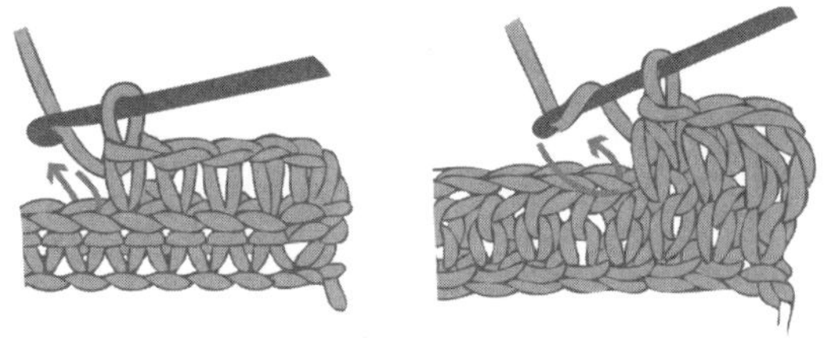

Aumento de puntos

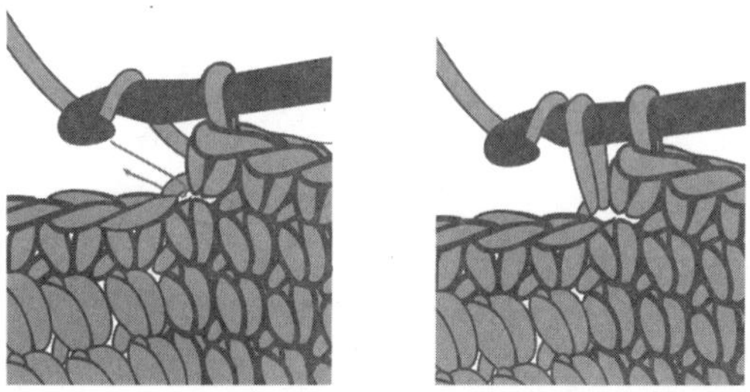

Disminución de puntos

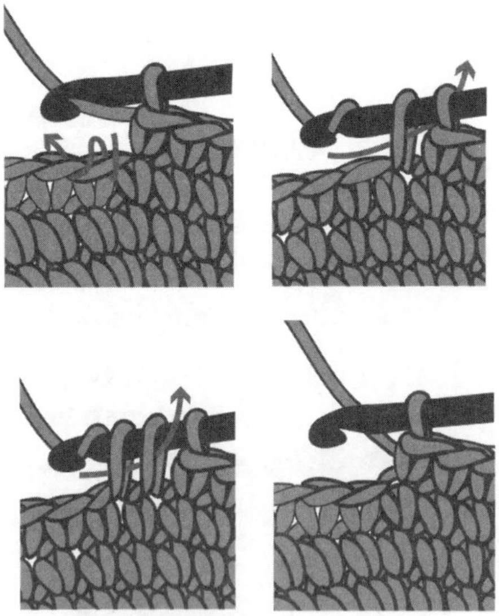

Punto medio alto

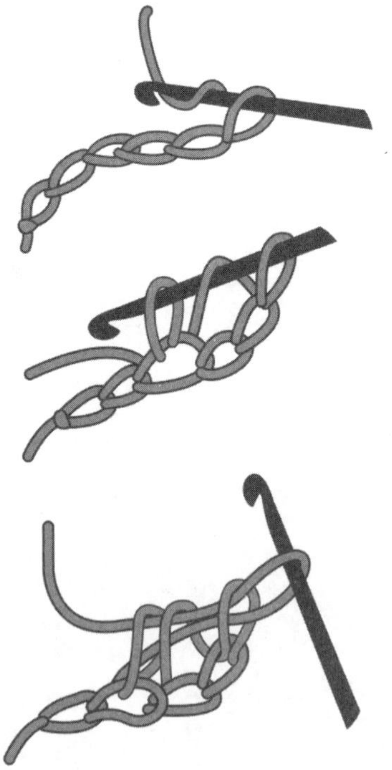

Punto alto

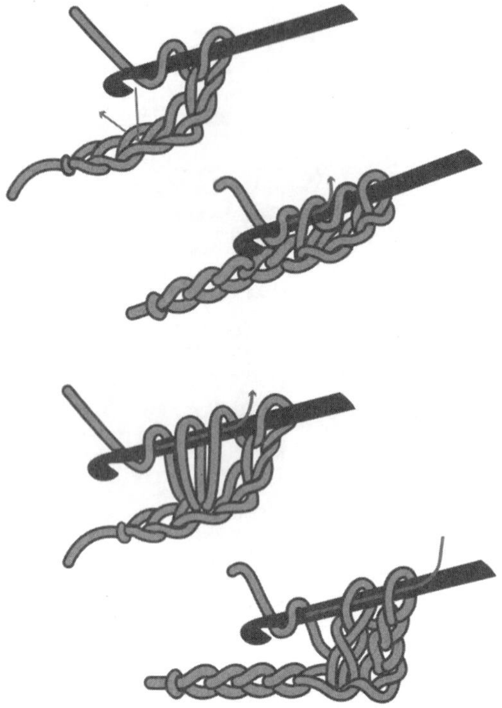

Punto piña

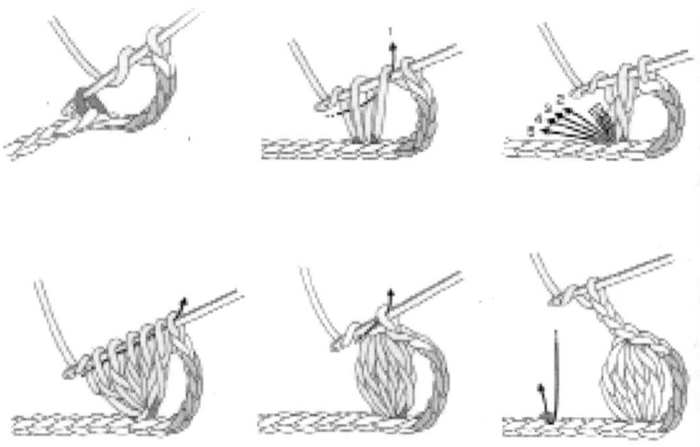

Medio punto

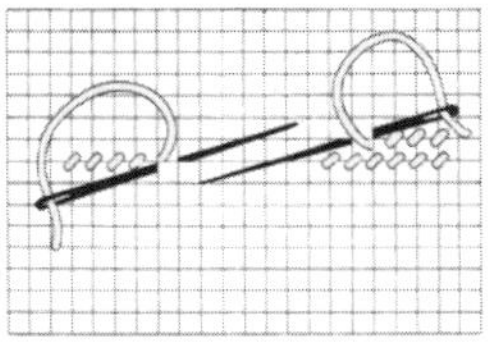

Punto argelino de relleno

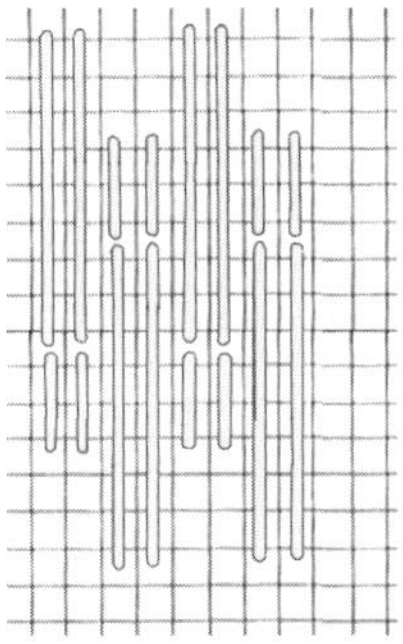

Punto argelino

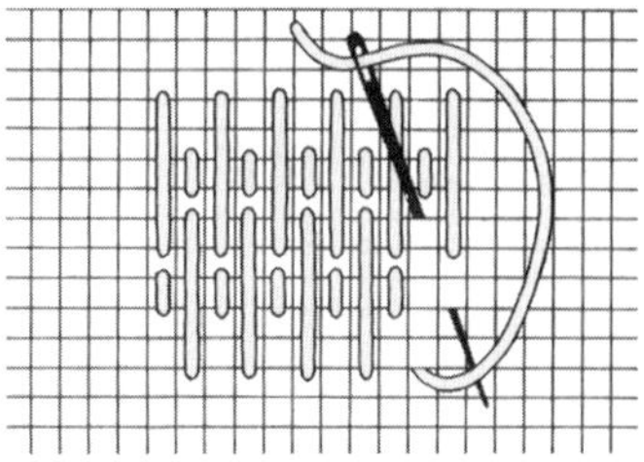

Punto bizantino

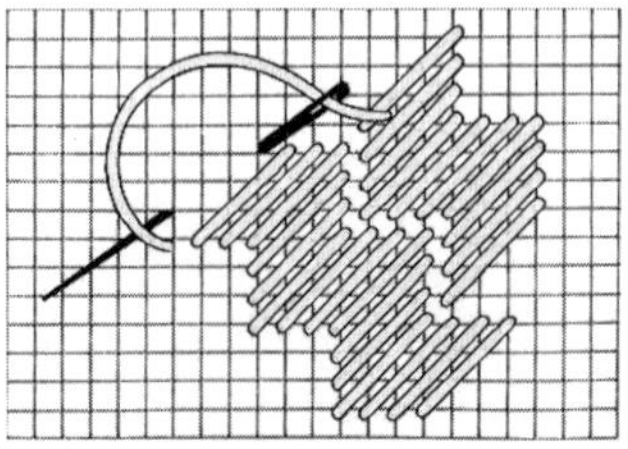

Punto de arroz

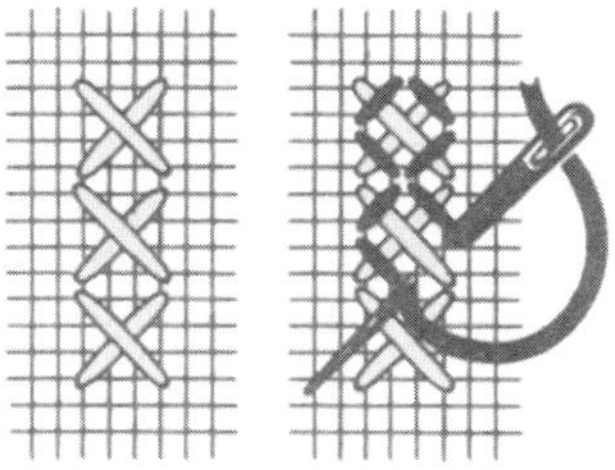

Punto de cruz recto

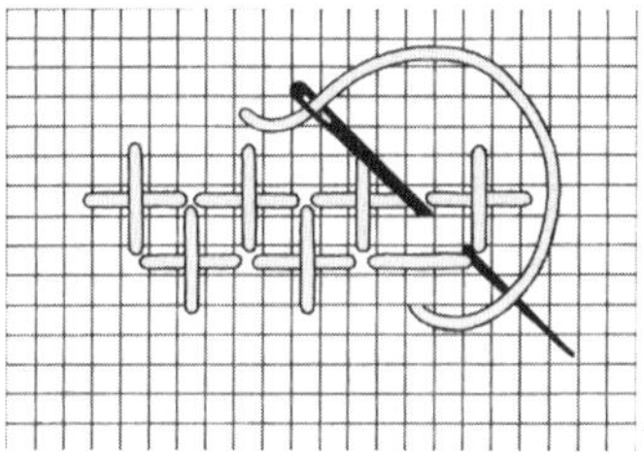

Punto de mariposa cruzado

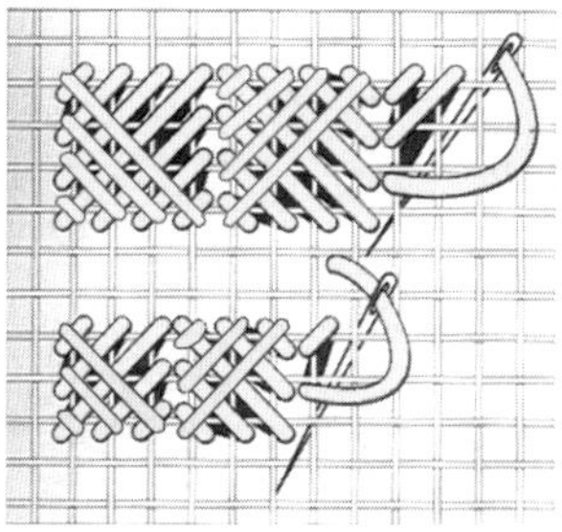

Punto Jacquard

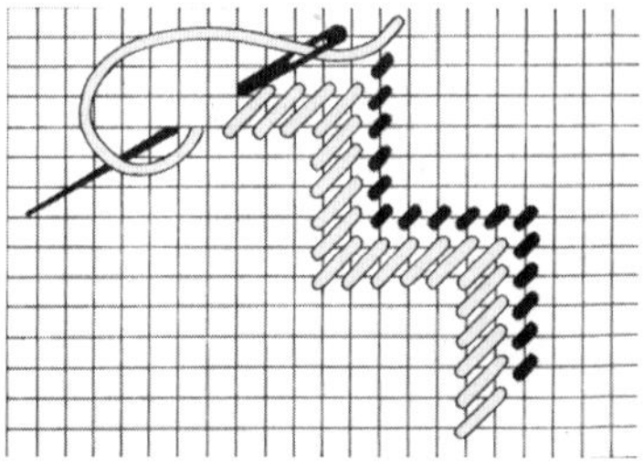

bordado

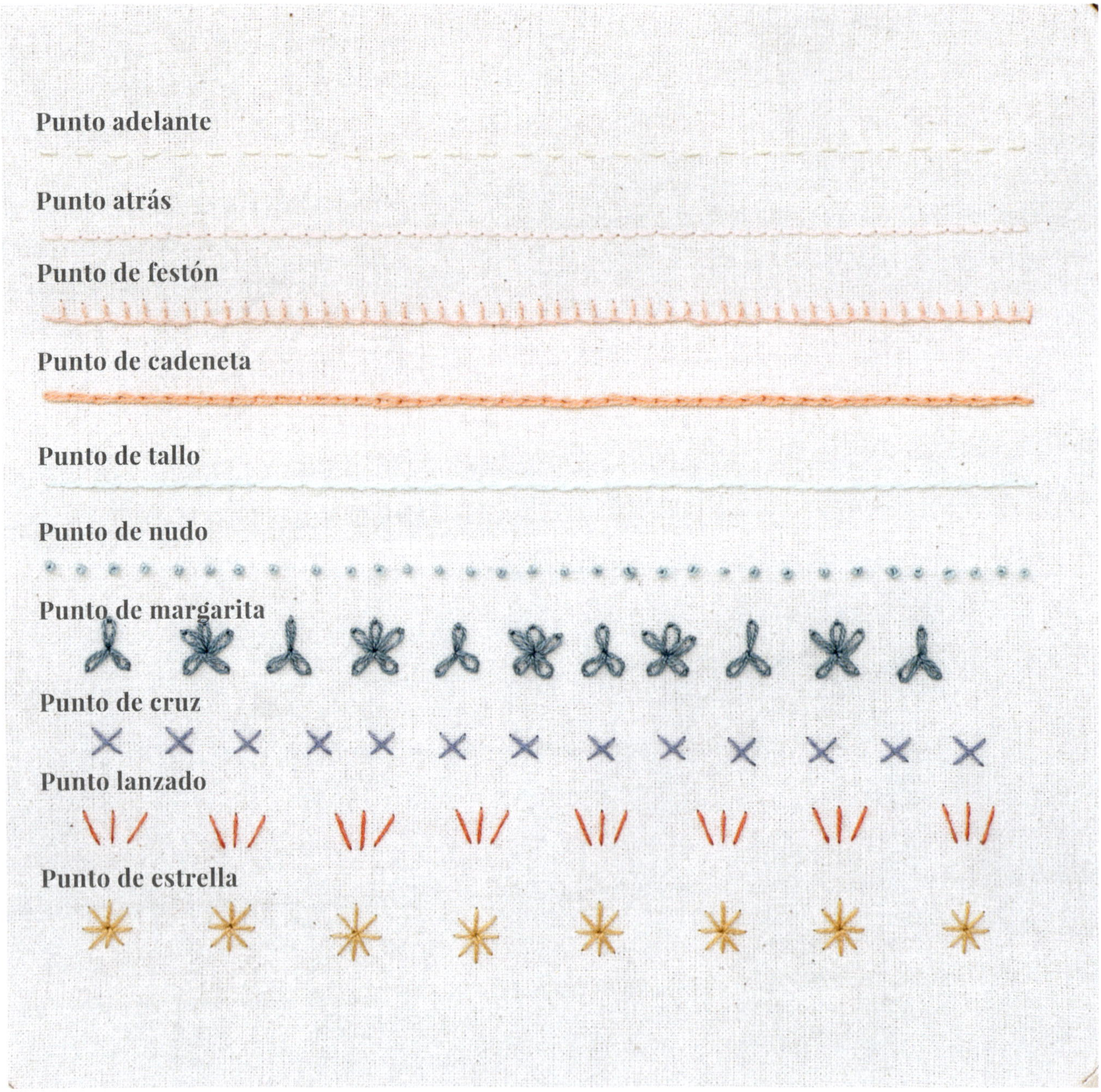
Punto adelante
Punto atrás
Punto de festón
Punto de cadeneta
Punto de tallo
Punto de nudo
Punto de margarita
Punto de cruz
Punto lanzado
Punto de estrella

Punto adelante

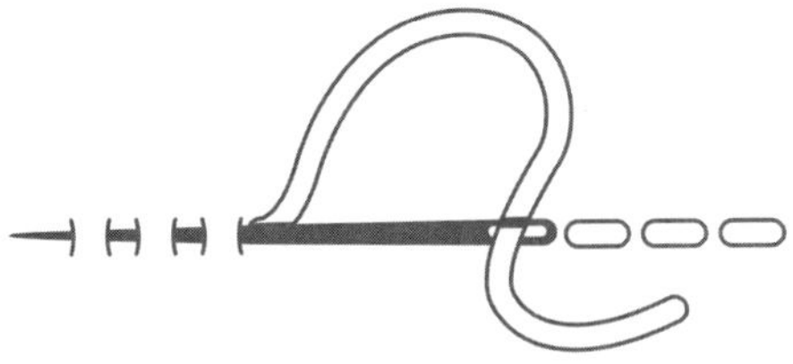

Punto atrás

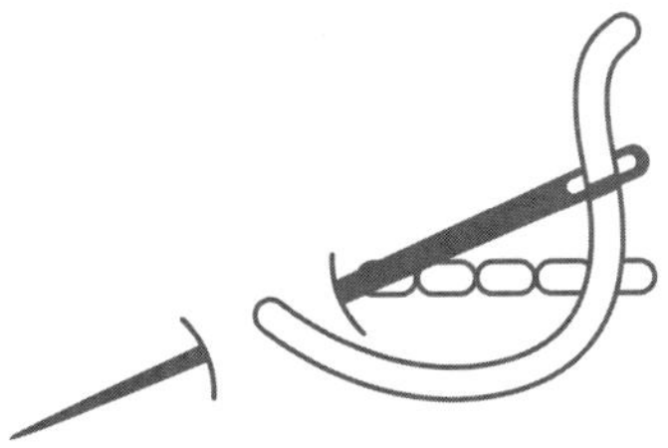

Punto de festón

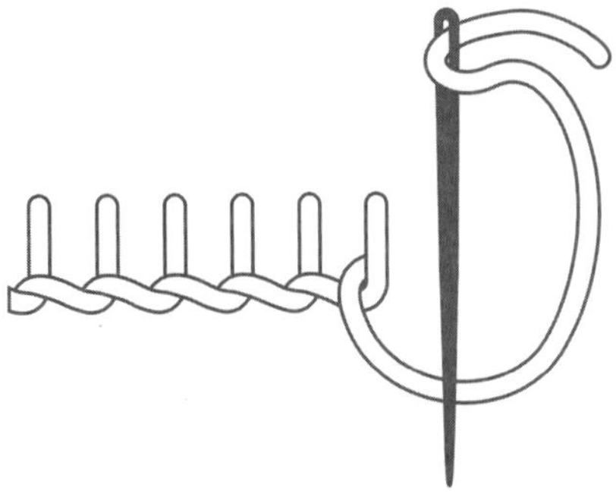

Punto de cadeneta

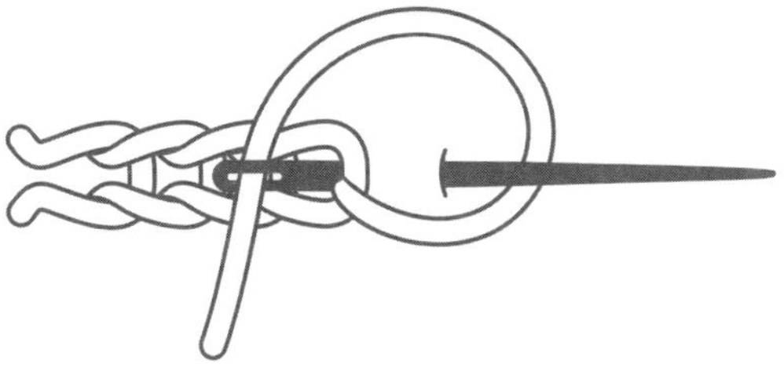

Punto de tallo

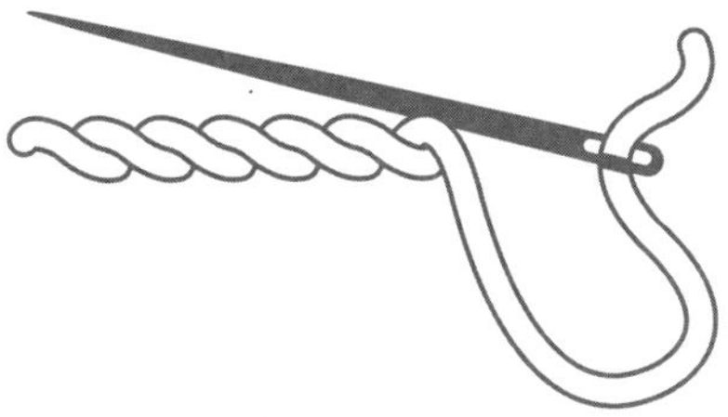

Punto de nudo

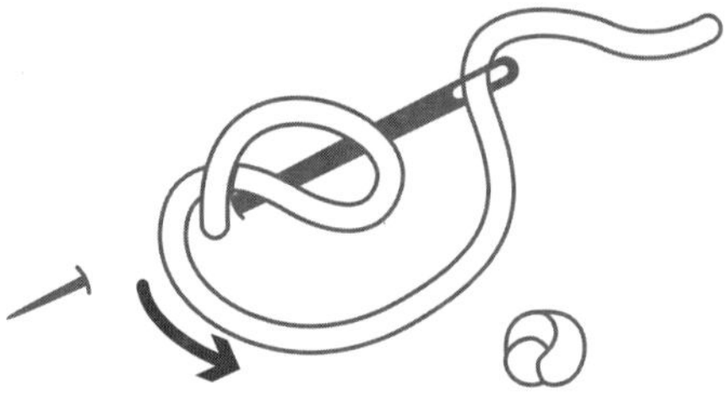

Punto de margarita

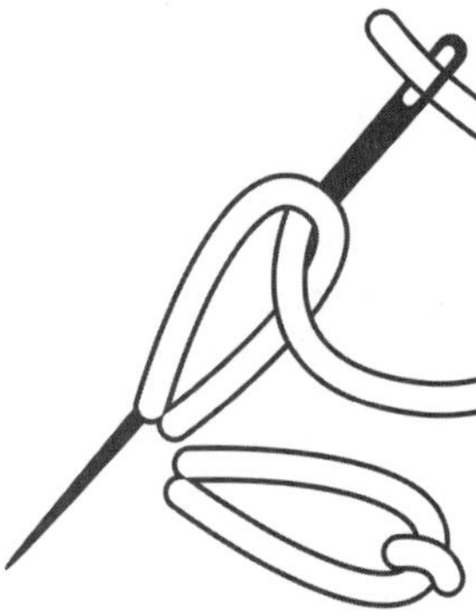

Punto lanzado

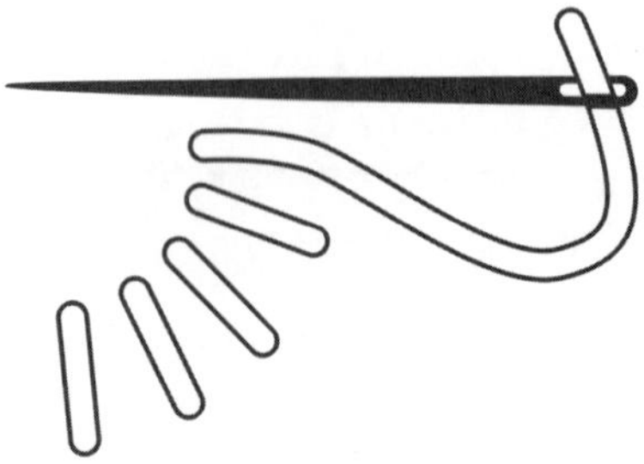

Punto de cruz

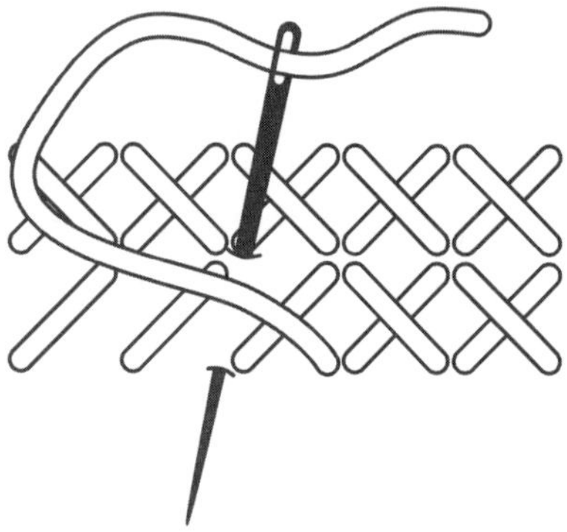

Punto de estrella

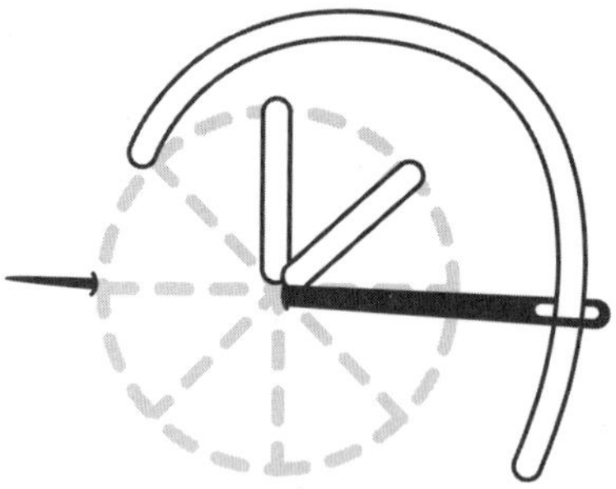

macramé

En macramé existen los hilos guía y los hilos que trabajan. Los hilos guía deben estar tensos cuando trabajamos. Para preparar el espacio de trabajo, hay que colocar dos sargentos de metal en los extremos de una mesa y atar una cuerda tensa de uno al otro. A partir de aquí montaremos los nudos guía. La longitud de la cuerda de macramé que necesitamos para un proyecto puede variar según el grosor de la cuerda o los nudos que se usan, pero como mínimo tenemos que calcular 3 veces más que la longitud del proyecto que queremos realizar.

Montaje de los hilos con lazada

Nudo plano o nudo de zurrón

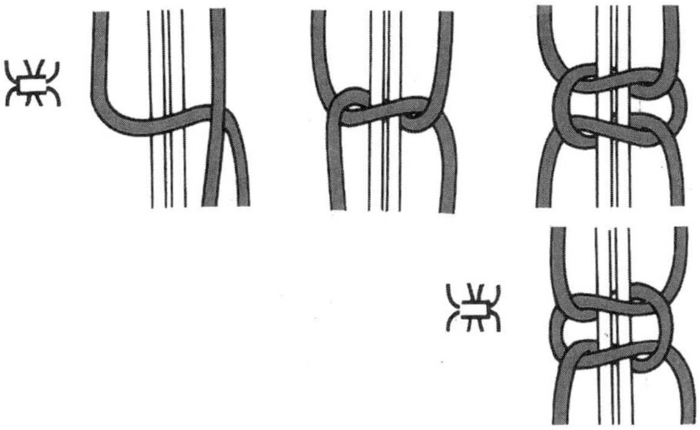

Ligadura

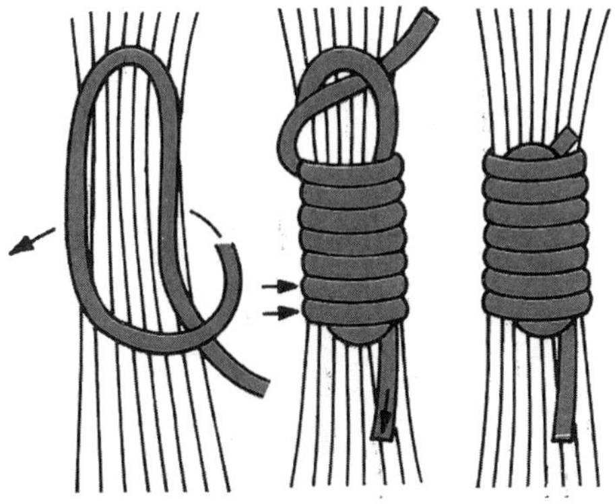

Nudo de festón

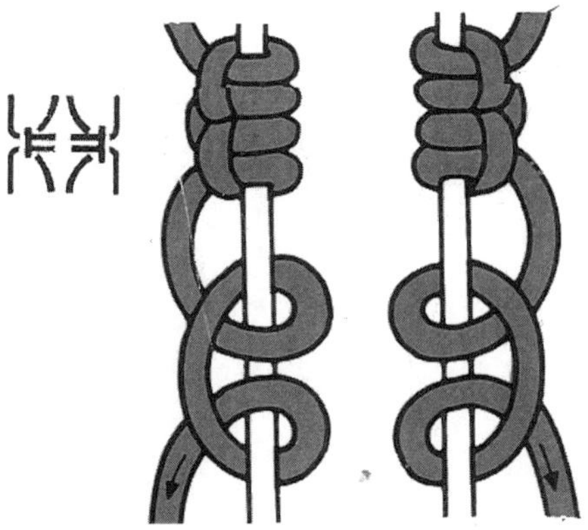

Nudo cuadrado

Columna hacia la izquierda

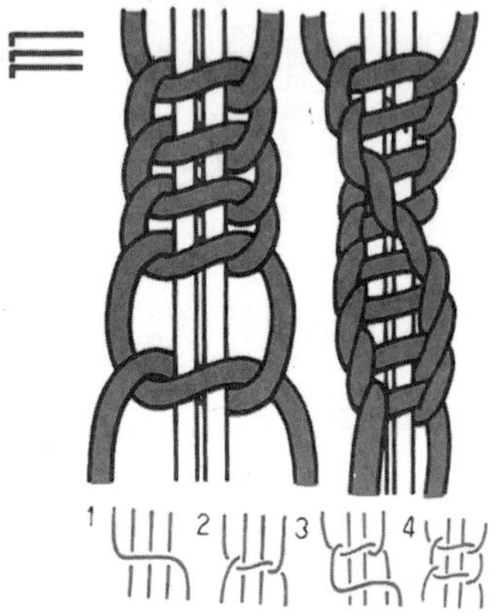

Columna hacia la derecha

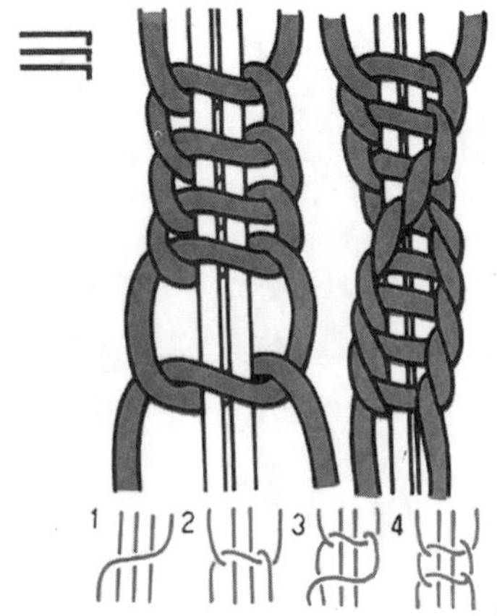

Baqueta en diagonal

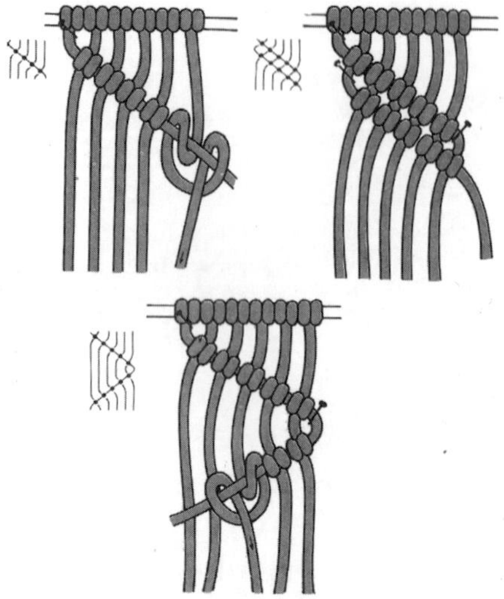

Baqueta horizontal

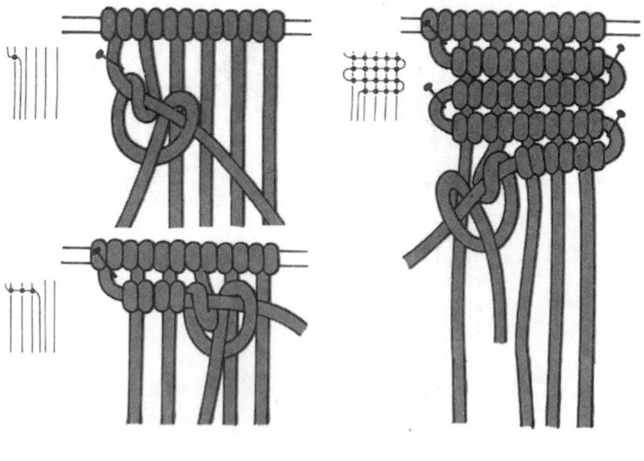

Nudo Josefina

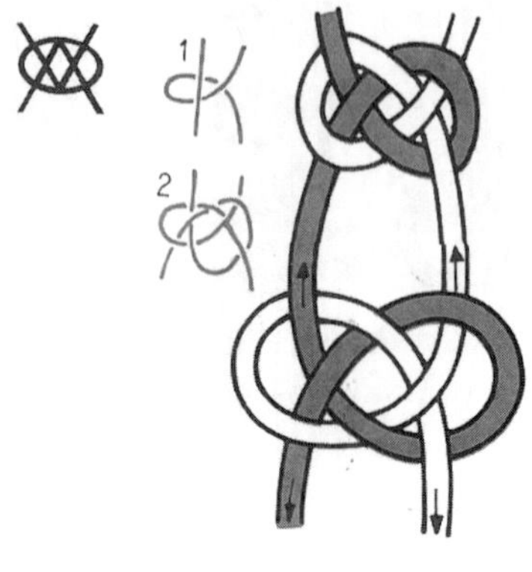

Punto nudo de alfombra

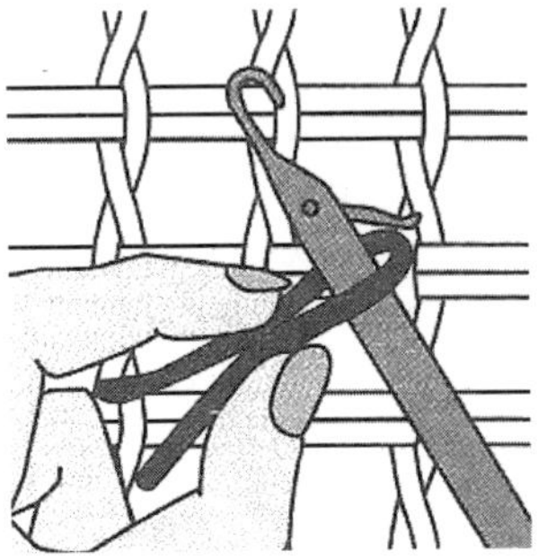

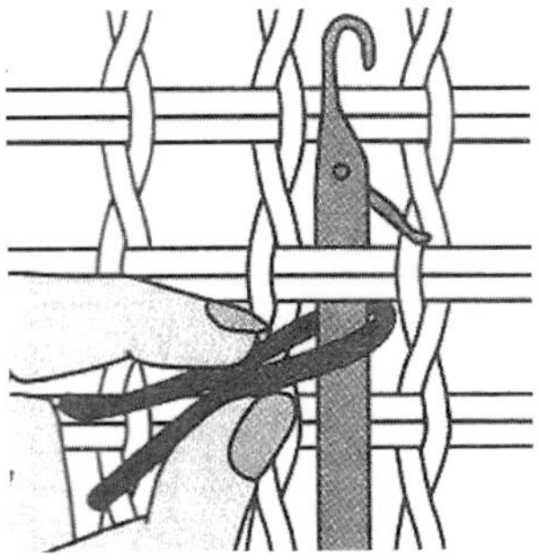

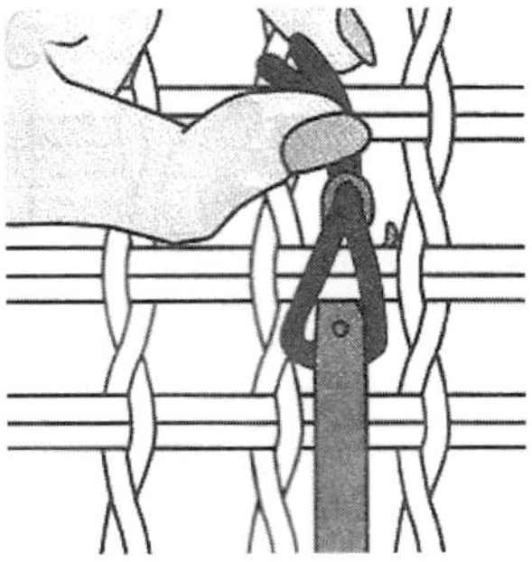

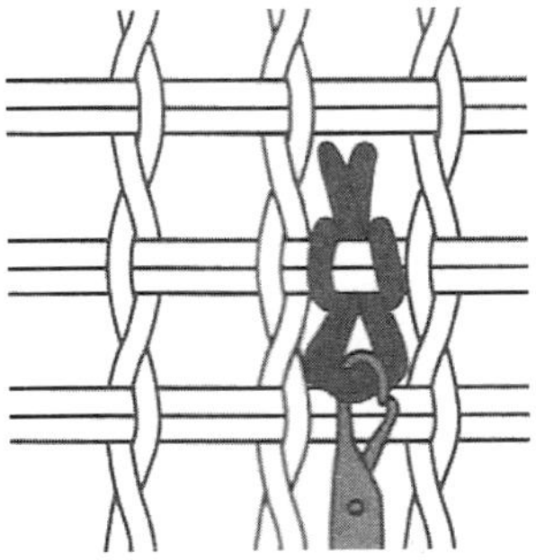

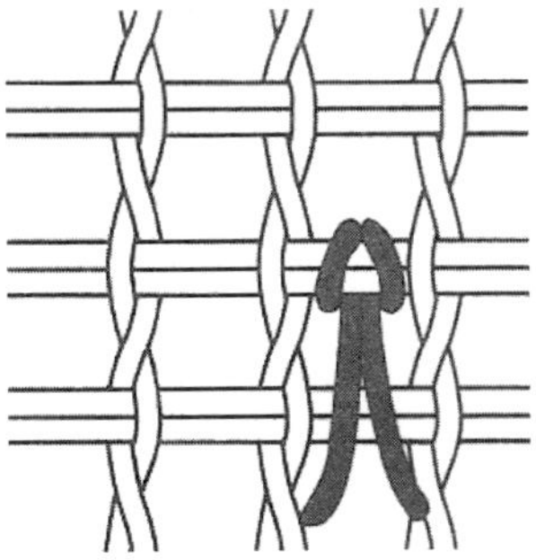

tricot

Hacer nudo

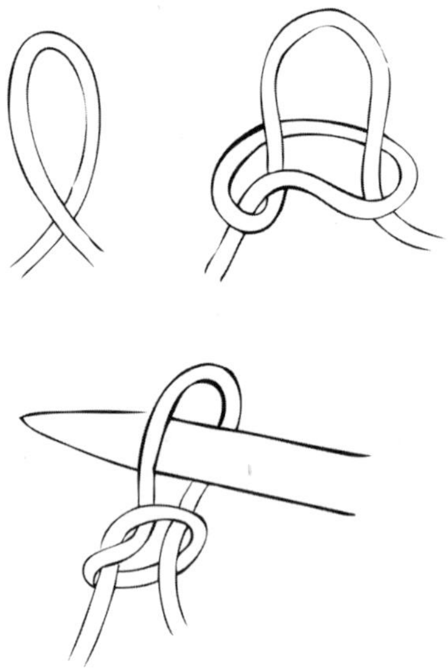

Montar puntos

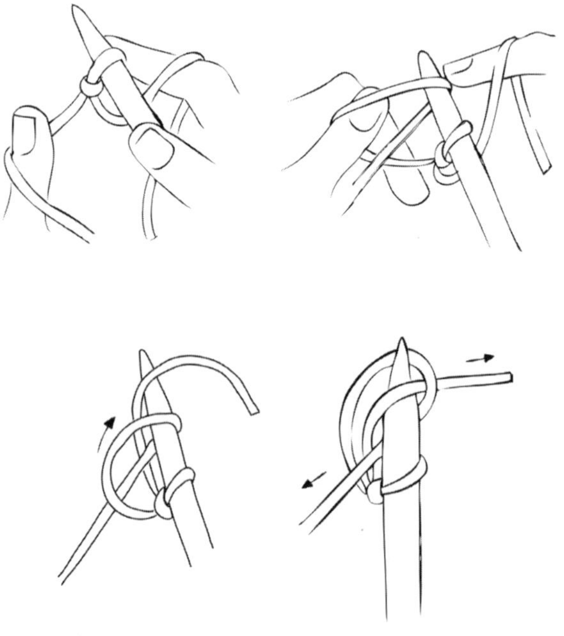

Punto derecho

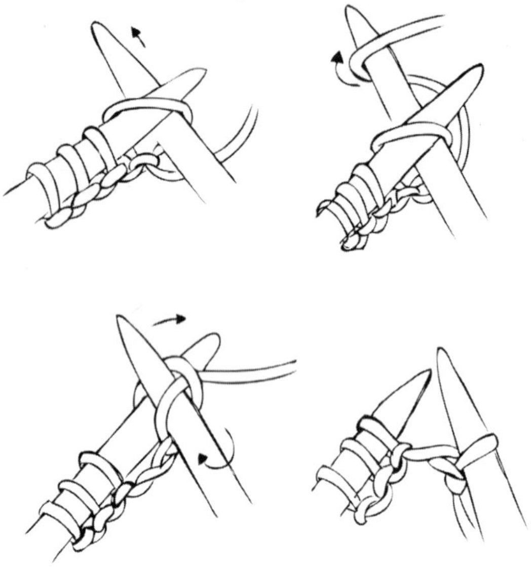

Punto revés

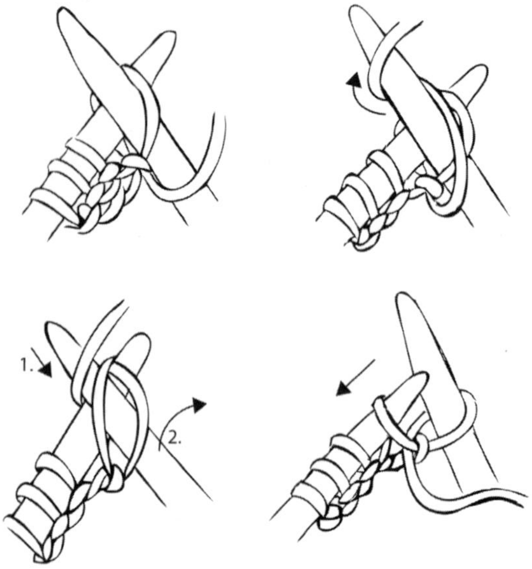

Puntos de cierre

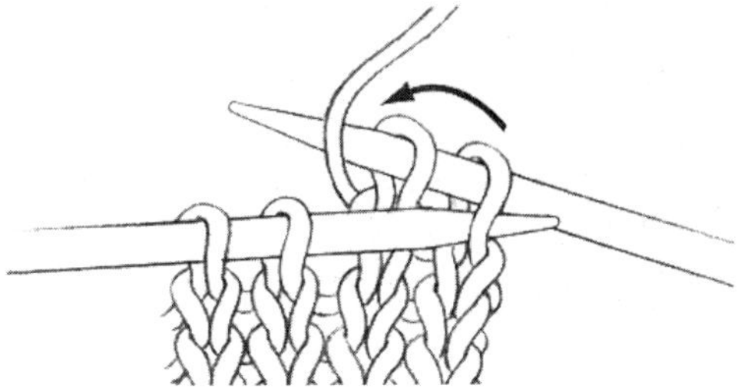

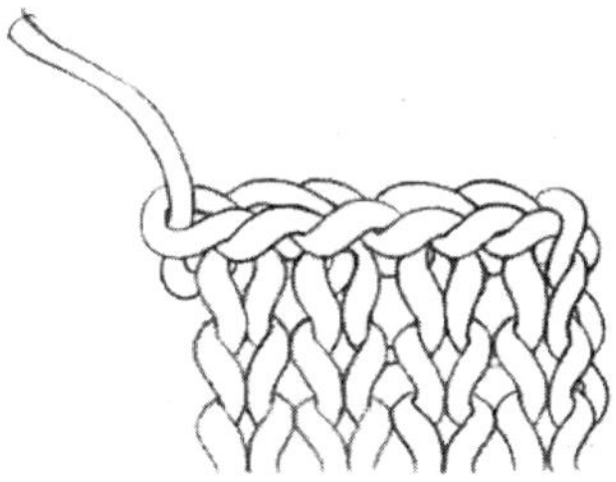

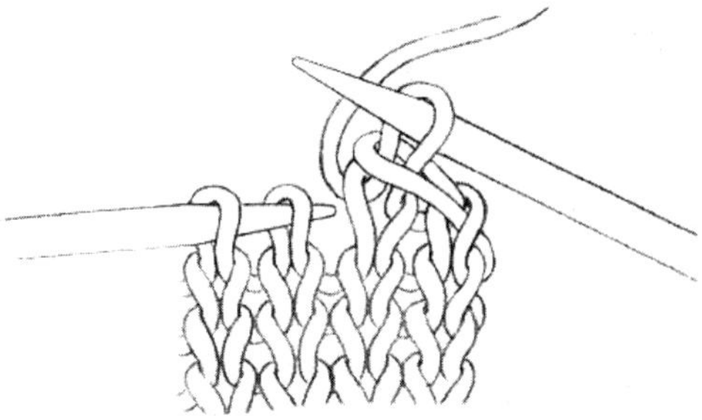

Be
Nice
or
Leave

Enlaces útiles

Materiales electrotextil:

www.ultra-lab.net

Tutoriales electrotextiles:

www.etextilelounge.com

Mercerías y otros materiales:

www.latiendadedmc.com

www.leyreideas.com

www.manosmaravillosas.com

www.habbyworld.co.uk

www.gloriafontseca.com

Agradecimientos

Agradecimientos personales de Alícia Roselló:

Gracias a mi familia por no haberme dicho que estaba loca cuando les dije que iba a abrir Duduá y por apoyarme en todo momento. A mis amigos por estar siempre ahí y ayudarme en todas las iniciativas, por muy extrañas que parecieran al principio.

Agradecimientos personales de Nuria Picos:

Gracias a Dídac y Elies por apoyarme siempre y a mis padres y mi tía por estar en todo momento a mi lado.

Agradecimientos conjuntos:

Queremos agradecer a la Editorial Planeta y a Libros Cúpula por confiar en nosotras y ofrecernos hacer este libro. En especial a Javi Moreno, Irene García y David Figueras por ser los impulsores de la idea y a Vanessa López y Eva Raventós por llevarla a cabo.

Muchas gracias a Jordi Ferreiro y Daniel Levy por abrirnos las puertas de su casa y dejarnos toquetear todas sus cosas. Queremos hacer una mención especial a Ramiro Elena por su infinita paciencia, y a Sandra Ruiz. Gracias a Loly Ghirardy (Srta. Lylo) por hacer de modelo con tanto estilo.

Agradecemos muy especialmente a Elisa Riera, Miju Lee, Afroditi Psarra, Lalala Toys y Laura Ameba por haber colaborado en los proyectos.

Gracias a DMC y Clover por cedernos los materiales con los que están hechos muchos de los proyectos.

Y especialmente a Pilar Parras y a Judith Alfaro por su colaboración.

No podemos dejar de mencionar a Clàudia Font por ser la «jedi» del tricot, a Diego Lacal por su ayuda infinita, al doctor Ferreiro por ser el *coach* de la escritura, a Marçal Forés, Vicente Hernández, Carlitos Carbonell, Emma Pardos, Solana Rivas, Jessica Boston, Enrique Doza, Olatz Azcona, Itsaso Barbería y Maitane Beaumont. ¡Ah! Y a Faythe Levine por ser la semilla que inspiró a Duduá.

Gracias a Rebeca Comerma y Sergi Duran por sus consejos y a Leire Villar y a Ingrid Valls por sus sabias palabras.

Por supuesto no podemos olvidarnos de agradecer a las chicas (¡y chico!) de la Guerrilla de Ganchillo y a Jaime Vicente, Cristina Oh!villo y Mònica Guilera.

A El Changuito y a Cosmo por darnos alojamiento cuando lo necesitábamos, a todos los artistas que han expuesto en Duduá y a todos los talleristas que han impartido talleres.

Y, por supuesto, también a todos los que en estos ocho años os habéis acercado a Duduá, porque gracias a vosotros esto ha sido posible.